ちくま文庫

落語家のもの覚え

立川談四楼

JN089942

書房

目次

第二章　前座（新人）はまず真似なさい

第三章　二つ目（中堅）は状況も覚えなさい

第五章　もの覚えVSもの忘れ

補章　弟子の〝もの覚え〟

落語家のもの覚え

まえがき

たとえば、私が人情噺《にんじょうばなし》を一時間演じたとします。高座から下り、楽屋で汗を拭《ふ》きつつ、さて着替えという時、前座クンが「お客様です」と告げます。最近知り合ったばかりのお客さんで、この日が初めての来場です。で、私の顔を見るなり、その人が言うんですねえ、「あんな長い噺、よく覚えましたねえ」と。

ガッカリです。いくら落語に馴染《なじ》みが薄いとはいえ、他に言いようがありそうなものだと落胆するのです。落語ファンや長い御贔屓《ごひいき》はそんな言い方はしません。「どこそこがよかったよ」とか「新たな工夫があったね」というふうに具体的に言うのです。

これは、私一人に限ったことではありません。多くの落語家が「よく覚えましたねえ」と感に堪《た》えたように言われ続けています。そう、それは初めて落語を聞いた人の率直な感想であり褒め言葉なのです。

褒められて嬉しくないのはなぜか、という問題です。プロの言い分はこうです。

「覚えるのは当たり前、それは基本中の基本」だからです。でも、初めて落語を聞いた人は、まずそこを褒めるのです。

「たった一人で、小道具は扇子と手拭《てぬぐ》いだけ。それでいてグッと客を引きつけ、解き放つように笑わせ、また泣かせたりもする。軽い世間話から始まり、いつ落語の筋に入ったのか判然とせず、心地よく翻弄《ほんろう》され、気がつけば一時間経過。いや落語とは、落語家とは大したもんだ。それにしてもよく覚えるもんだなあ……」

おそらくそういう思考回路で褒めてくれるんです。いずれにしても褒め言葉ですから、それが的外れであってもムッとした顔をするわけにはいきません。お客は感激し、「落語っていいもんですねえ、また来ます」とも言ってくれてるわけですから。

かつてはムキになり、「役者はセリフを覚えるし、歌手もきちんと歌詞を覚えるでしょ」などと言ったものですが、近頃は私も人間が練れてきてそんな言い方はしません。

ニッコリ笑い、「ありがとうございます。まるで商売人みたいでしょ。だから、よく落語家に間違えられるんです」などと返すのです。さすがにお客も笑います。またこういう言い方をすると、本質が伝わるようですね。

実際、落語は覚えるところから始まります。いわゆる記憶、暗記ですね。入門早々は戸惑います。誰だって最初は素人《しろうと》ですし、覚える技術がないからです。器用不器用もありますしね。

ところが、十年選手となるとどうでしょう。これはもう誰もが見事に覚えますね。真打《しんうち》を意識するキャリアですから、頭も体もその準備を始めるのです。どんどんネタが増えるのもこの時期です。

真打になって数年の二十年選手、この辺が記憶力のピークでしょうか。頭は落語脳と化し、体もまた着物と一体化するのです。つまりどこから見ても一人前の落語家で、演ずることの喜びを見出す時期でもあるのです。

堂々たる貫禄の三十年選手、「このネタの肝《きも》はこれだな」などということも分かり、勢いだけでなく緩急の演出を覚え、客を自在に操《あやつ》る快感を味わい、記憶する技術は更に上がっています。そうですね、たとえば三十分の落語をひと晩で覚えると言ったら分かりやすいでしょうか。それぐらいの力を持つに至るのです。円熟期ですね。ところが、ある日異変が生ずるのです。いや記憶力は確かです。新ネタを覚え、正確に披露できます。どうだってなもんです。しかし、それから二、三日してそのネタを演じた時に、愕然《がくぜん》とするのです。さすがに筋を間違えることはありませんが、何カ所かつっかかり、何度か「あれ、次のセリフ何だっけ」という瞬間があるのです。

記憶力は健在なのですが、記憶持続力が落ちてるんです。細部があやふやなのが何よりの証拠で、若い頃にはなかったことです。かつては十日ぐらい間があいても一言一句きれいに再現できたのですから。

しかし、その一瞬のあやふやはお客さんに気づかれることはありません。記憶持続力が落ちるのと同時に、〝胡魔化《ごまか》す力〟が強化されているのです。ですから、その部分にアドリブなどを入れ、キャリアでしのぐことになります。脳の不思議を思わざるを得ません。

酒場で、舞台役者さんと意気投合したことがあります。役者にもセリフ覚えのいい人と悪い人がいてというのが始まりでした。私は落語家の例を持ち出し、大いに盛り上がったのですが、ある時点で決定的な違いのあることが判明し、お互い改めてビックリしました。

「公演が終わると、セリフを忘れることが仕事となります。前の芝居のセリフや役柄を引きずっていては、次の公演の妨《さまた》げになるのです」

それは、役者さんのそんなひと言がきっかけでした。いや心底驚きましたねえ。「なるほど、そういうものか」と理解するまで、相当な時間を要しました。落語家の仕事は、高座から下りた後も忘れないことだからです。

役者と落語家は、似ているけど違うんです。もちろん共演者のあるなしという大きな違いもあるわけですが。もっとも役者さん、「すべてを忘れるわけではない」と言いました。「いったん、引き出しにしまうんです」と、そんな言い方をしました。

そらそうでしょう、長期間ケイコを重ねたセリフです。再演の可能性もあることですし、そう簡単に忘れられるわけがないのです。粋《いき》な役者さんでした。こんなオチをつけたのです。

「でも、どの引き出しにしまったかを忘れちゃうんですよねえ」

「忘却とは忘れ去ることなり」と、劇作家の菊田一夫は言いました。そうです、人は記憶力とともに忘却力を持っているのです。また、その能力があるから人は生きていけるのだという説もあります。身辺に起こった悲しい出来事のすべてを鮮明に覚えていたら……そう、それはつらい人生になりますよね。

人はなぜ覚え、せっかく覚えたことをなぜ忘れてしまうのか。つまらないことをいつまでも覚えているくせに、肝心なことをコロリと忘れてしまうのはなぜなのか。お客さんの言う「あんな長い噺、よく覚えましたねえ」は、案外的を射ているのかもしれません。

私は今年、落語家生活四十年の節目を迎えます。これまでなぜ覚え、なぜ忘れるのかなど、つきつめて考えたことはありませんでした。いい時期に出版の話をいただきました。幸いサンプルは周辺にゴロゴロ転がっています。落語という芸能を通し、それらを検証してみたいと思います。

と言ってもそこは落語家のことですから、固い話になるはずもありません。しかし、プロの技が皆様の何かしら生きるヒントになるかもしれないわけで、ま、どうぞ落語同様、気軽におつきあいください。

二〇一〇年如月吉日

立川談四楼《たてかわだんしろう》

第一章　落語家の〝もの覚え〟修業

〝覚え上手〟は案外大成しない

落語家になって驚いたことは、記憶力抜群の人がいることでした。どんな落語でもスイスイ覚えてしまうのです。砂に水が染《し》むごとくと言いますか。アッと言う間に頭の中に納まってしまい、なおかつ「これが普通でしょ」とばかりにケロッとしてるんですねえ。

そういう人を見た時、「こりゃ、いけない」と思いました。とてもかなわないと尻《しっ》尾《ぽ》を巻きかけたのです。ところがある日、発見したんです。すぐ覚える人が、同時に忘れっぽい人であることを。嬉しかったですねえ、これで私も落語家を続けられるわけですから。

以来、落語家をじっくり眺《なが》めた結果、いくつかのタイプがあることに気づきました。大別すると四つです。

①すぐ覚え、なかなか忘れない人。これは理想です。残念なことに滅多にいません。もう、十年に一人という天才タイプです。

②すぐ覚え、すぐ忘れる人。私が恐れを抱いたタイプで、案外多いのです。だから私も気づいたわけで、実際一度は覚えるのですが、覚えたと思って安心してしまうんですねえ。で、忘れるんです。

③なかなか覚えられないが、いったん覚えると忘れないというタイプ。私が見たところ、この一群が最も多いのではないでしょうか。コツコツやるタイプです。不器用でも積み重ねることによって、ある水準に達することができるのです。

皆さんの職場にいらっしゃるかどうか分かりませんが、もう一つタイプを紹介しましょう。それは、

④なかなか覚えられず、かつすぐ忘れるという人達です。最悪ですね。効率悪過ぎです。落語家に向いてないと言ってもいいですよね。しかし皆さん、プロの中にこのタイプがけっこういるから驚くじゃあありませんか。はい、立派に食っているのです。人気者さえたくさんいます。

「なかなか覚えられず、せっかく覚えたことをすぐ忘れる人がなぜ人気者に？」

そう思うのも当然です。しかるに現にいるから不思議なのです。誰と名ざしできないのが残念ですが、確かにそういう落語家は存在しますから、どうぞ注意深く見て当ててください。

最悪のパターンと思える④の人は、うろ覚えですから、高座の途中でよくひっかかります。言い直したりへどもどしたりするわけですが、不思議です、その部分がやがて魅力となるのです。それを繰り返すうち、わざと間違えているのではないかとお客が受け取るようになり、えてして人気はそういうところから発するのです。

上手《うま》い人ばかりでは落語界はもちません。下手《へた》でも面白い人がいるからこそバランスがとれるのです。現在、東京に五百人弱、大阪に二百人強、つまり約七百人（二〇一〇年時点）の落語家がいますが、上手い人はほんのひと握り、つまり落語界はほとんどの下手で成り立っているのです。あなたの会社も本当はそうじゃありませんか？

あなたは①～④のどのタイプに属するのでしょう。ここを見極めると、覚えるための努力の方向が見えてきます。私はなかなか覚えられなかったのですから、①と②のタイプではないのは明らかです。かと言って④では自分が可哀相《かわいそう》です。ですから、③のタイプだと思いたいのです。

覚える、忘れるということに関し、約七百人の落語家は四つのタイプのどれかに必ず属します。そして年齢・キャリアとともに、その四つのタイプを出たり入ったりします。では、③の「なかなか覚えられないが、いったん覚えると忘れないというタイプ」と思われる私のケースからおつきあいください。

噺家見習い・立川寸志誕生

昭和四十五年の三月に入門がかないました。その前々年、高二の秋に入門を請うたのですが、「高校を出てから来い」と言われたのです。

私が群馬の出身というのもネックになりました。（立川）談志はそれを「坊や、落語は江戸っ子のものなんだ」と表現しました。「食えないからよしな」とも言いましたっけ。そして、こう続けたのです。

「時間を取られるし、弟子を持つメリットはないんだ。でも、僕は（柳家）小さんに育てられた。だから、後進育成の義務はあるんだ」

私は弟子になりたい一心で、後進育成の義務というひと言に縋《すが》りました。「高校を出てから来い」と言ったのは、もし見込みがなかった場合、高卒ならツブシがきくとのことだろうと考え、とにかく卒業をジッと待ち、それから押しかけたのです。

今で言う〝オッカケ〟でしたから、すでに弟子が何人かいることも知っていました。「あの人が弟子になれたのだからオレも」と前向きに考え、それを支えに卒業を待ったのです。

談志は現れた私を見て、「本当に来たのか」と言いました。入門ＯＫです。来ちゃったんじゃしょうがねえというやつです。早速、付き人としての暮らしが始まりました。

談志は、大変な売れっ子でした。落語、講演、司会、余興、テレビやラジオの出演に加え、雑誌の取材なども頻繁に入ってくるのです。

ですから、着物の入ったバッグ、タキシード用のスーツケース、それに身の回りの小物類の入ったカバンなどを抱え、駆けずり回ることになります。

とても一人でできる仕事ではありません。それまで付き人を務めていたすぐ上の兄弟子・談太が一緒に回ってくれました。で、各仕事場でのルールや着物のたたみ方などを教えてくれたのです。二カ月ほどそうして、談太は寄席《よせ》の楽屋修業に入りました。引き継ぎ完了というわけです。

一人で必死に付き人をこなしていたある日、私に芸名がつきました。立川寸志という名です。弟子は上から順に談十郎、談奈、談プ、ワシントン、談吾、談太といて、皆シャレっ気のある芸名です。

談十郎は歌舞伎《かぶき》の団十郎のもじりで、談奈は旦那（スポンサー）に通じ、談プは体型そのもの、ワシントンは日米のハーフといった具合で、いずれも一度聞いたら忘れない芸名なのです。

談の字のネタが切れたのかもしれません。私から志の字を使おうということになり、寸志と決まりました。当時談志と親交のあった人気作家・山口瞳が「粋な名前だねえ」と褒めてくれたのをよく覚えています。

待ちに待ったケイコの始まり

芸名がついた直後でした。その日、談志の仕事は休みでしたが呼び出しがかかりました。指定された時間に出向くと、談志はなぜか浴衣《ゆかた》を着ていて、「夏には少し早いのに」と思ったのですが、それが待ちに待った落語のケイコの始まりだったのです。

談志は「初めが肝心だから、ちゃんとやってやる」と言い、座布団の上に正座をしました。着物ではなく浴衣ですが、紛《まぎ》れもなく高座の姿なのです。私は恐縮のあまり固まりましたが、談志はいきなり落語には入りませんでした。私を見つめ、両手を広げると、言ったのです。

「八っつぁんが喋《しゃべ》る時は、オレの右の掌《てのひら》を見ろ。御隠居が喋る時は左だ」それは上下《かみしも》のケイコでした。上手下手《かみてしもて》のあの上下です。落語は一人で何役も演じます。正面を向いてダラダラ喋ったのでは誰が誰だか分かりません。右を向いて喋り、左を向いて喋り、人物が入れ替わったことをお客に知らせるのです。

「『こんちは』でいい。右手に喋ってみろ」

「こんちは」

「そうだ。で、隠居のセリフは左だ。『おや、誰かと思ったら八っつぁんじゃないか。まあまあお上がり』そうそう、その位置と距離を忘れるな。常に相手がそこにいることを想定して喋るんだ」

目線《めせん》というやつです。それをどこに置くかという基本中の基本を教えてくれたのです。それを何度かリフレインし、それから談志は『小町《こまち》』という落語に入りました。小野小町の噺です。私は全身を耳にし、目を凝らしました。わずか十二、三分という一席で、アッと言う間に時が過ぎました。

録音は不可です。もっとも当時のテープレコーダーはオープンリール（テープを巻いたリールが単体で存在する形態）で、しかも巨大。ウォークマンを始めとする小さなテレコが出るのは後年のこと。だから、全身を耳にする以外、他に方法はないのです。

しかも、ケイコは一回限り。何日かしてもう一回喋ってくれ、三回目にはもう私が覚えたものを披露しなければならず、これは恐怖でしたね。談志がいつ「演《や》ってみろ」と言うか、そのX《エックス》デーに怯《おび》えたものです。

「これがいわゆる三回ゲイコだよ。三回目には喋れなきゃいけないんだよ」

とは兄弟子の談太から聞かされてましたから、とにかくケイコです。歩きながらブツブツ、電車の中でもブツブツ、食事の最中でも恐怖心が湧き上がり、箸《はし》を放り出してまたブツブツ……。相当怪しい十八歳であることは確かでしたね。

筋《すじ》は落語全集に載っていますが、談志の『小町』は二度聞いたのみです。談志は、「昔オレが教わった通りに演った。だから、オレが作ったギャグはいくつか抜いた」と言ったのですが、それでも談志の『小町』は独特でした。それは、落語全集とは似て非なるものだったのです。

ですから、どこもかしこもうろ覚えです。細部がまるでハッキリしません。とにかく舞い上がり、覚えるコツなどまるで分かっちゃいなかったのです。幸い、談志の仕事は超多忙でした。スケジュールを見て、まだ大丈夫だなと思ったのも束《つか》の間、そんな時に限って「もう覚えたろ、演ってみろ」とくるのですから、プロの世界は厳しいのです。

タクシー内でのまさかのケイコ

まさか、タクシーの中で「演ってみろ」との命が下るとは思いませんでした。まったく油断していたわけです。私は助手席、談志は後部座席奥、その隣がマネージャーという配置です。

兄弟子の一人から「喫茶店で演ってみろって言われちゃってさあ、周囲《まわり》に客はいるし、声が小さいって言われるし、恥ずかしかったよ」とは聞いたことがあります。「ははあ、師匠は忙しい人だからそういうこともあるのか」とその時は思ったのですが、まさかタクシーの中で「演れ」と言われるとは……。

逆らえる状況ではありません。意を決し、喋り始めました。すると「こっちを向いて喋れ」の声です。「失礼しました」とタクシーのシートに膝立《ひざだ》ちし、談志に向かって懸命に喋りました。ドライバーと後部座席との間に、強盗除《よ》けの仕切りがない時代でした。方向転換するとちゃんと向き合えるのです。

シートベルト着用の義務もありませんでした。今にして思うとゾッとします。ドライバーが急ブレーキをかけたら、私の後頭部はフロントガラスに激突していたのです。

しかし、その時のドライバーは単に迷惑顔をしただけでした。「声が小さい」と言われました。タクシー車内ということを考えて控え目にしたのですが、ならばと、アパートでケイコをするテンションに戻しました。すると「うるせえ」です。「ほどを考えろ」とも言われましたっけ。

もうボロボロです。セリフと上下《かみしも》が連動しません。セリフに気を取られると上下が目茶苦茶になり、上下を間違えないようにするとセリフがつっかえるのです。頭が真っ白になり、黙り込むと「何でもいいから喋れ」と言われます。「何でもいい」と言われても何も思いつきません。セリフさえ出てこないのに、ここで一体何を喋ったらいいのか……。

不思議です。後年、フッとセリフが途切れても、そこが容易に埋まるようになるのです。しかも、その噺にふさわしいセリフで。アドリブですから、かつてその噺にないセリフです。しかし、お客さんは何の違和感もなく、それを受け入れるのです。

詳しくは後述しますが、噺を把握し登場人物になりきっていると、それが可能になります。まさにキャリアの成せる業《わざ》ですが、もちろんタクシー車内でそれができるはずもなく、散々な状態のまま目的地に着きました。

タクシーを降りて後を追った時、足を止めた談志はひと言、「声のデカいのはいい」と言いました。

談志は高座に上がりました。私がいかにも不安そうにしていたのでしょう。楽屋でマネージャーが「落語研究会《オチケン》にいたわけでもなく、まったくの素人だったわけだろ。それであれだけ喋れるんだから上出来、上出来」と言いました。

明らかな慰《なぐさ》めですが、それでも嬉しかったですねえ。かくして私が喋る一回目のケイコは無事（?）終了したのです。

覚えさせるには〝抜き打ち〟で

タクシー車内のケイコは鮮烈でした。当時はパニックで、ケイコの後はクタクタになったのですが、前後は飛んでいるものの、タクシー車内の記憶だけは四十年近く経《た》った今も鮮やかに残っています。

後年、同期や先輩後輩のケイコの様子を聞きましたが、やはりタクシー車内のケイコは群を抜いて変わっていて、今では私の自慢話の一つです。後輩に言ってやるんです。

「オレなんてタクシーの中でケイコをつけてもらったんだぜ」

後輩は目を丸くしつつ、

「すると、タクシーを公園か何かに停めて」

「違うよ、走ってるタクシー車内だよ」

「えっ、走ってる中でですか。あの、どうやって……」と驚くのです。

私も弟子に仕掛けてみました。本来は翌日聞いてやる約束だったのですが、繁華街を歩いていてふと思いつき、いきなりカラオケボックスに入りました。弟子は私の唄《うた》好きを知っていますので、昼間っから唄ですかという表情です。部屋に入り、飲み物が届いた後に言ってやりました。

「聞いてやるから演ってごらん」

この時の弟子の顔をお見せしたかったですね。鳩が豆鉄砲を食らうとはまさにこのこと、「へっ」と言ったきり絶句です。そら、そうでしょう。ケイコの約束は翌日のはずですし、まさかこんなところでと油断しきっているのです。

「一日早く聞いてやるよ。この中はどんなに大きな声を出しても苦情はこない。さ、早く」

やるしかないと思ったのでしょう、始めたのですが、案の定ボロボロでした。それでいいのです。たとえ準備不足でも、覚悟を決めてやることが大事なのです。以来、弟子も緊張するようになりました。いつそれがきてもいいようにという態勢が整《ととの》ったのです。そしておそらく、その日のケイコは彼の記憶の中に長く残るはずなのです。

これ、応用できないでしょうか。たとえばあなたが上司で、部下に企画書かなんかの作成を頼んだとします。提出日は翌日なのですが、あえて前日に提出を求めるのです。さて、部下はどんな表情で何と言うでしょう。

「あの、提出は明日と伺《うかが》ってますが」にはこう言ってやりましょう。「概要を知りたいだけなんで、全部でなくていいんだよ」と。きっと提出の前の晩、徹夜で仕上げるタイプもいるでしょう。そして、そのほうが出来のいい部下は困るでしょうね。

でも、こう思うでしょうね。あの上司を甘く見ると危険だと。そして、こんなことを学ぶかもしれません。前日に仕上げておけば提出の求めに応じられるし、それがなくても当日は、企画書を見直す時間ができるのだと。

ごくたまに抜き打ちでやると効果がありそうですね。のべつだと意地悪になってしまいますので、難しいところです。私もごく稀《まれ》にしかやりません。しかし、やる人だとの印象は持たせます。ケイコをつけ、しばらく放っておく手もあります。すると不思議です。「あの、そろそろ聞いていただきたいのですが」などと言ってくるのです。

どんなプロでも初めては……

寿司職人に憧《あこが》れ、修業し、初めてツケ場に立ち、お客に相対した時の緊張はいかばかりのものでしょう。コック、美（理）容師さんを始めとする接客業の人もみな同じ思いで、身震いするような緊張感を味わうのではないでしょうか。営業職の人も同様で、つまり、お客と相対する職業の人はみな体験するのです、それぞれの初めてを。

当然、練習（ケイコ）を重ね、予行演習もします。しかし、それはやはり練習（ケイコ）であり本番ではありません。技や芸を提供することによって、対価（カネ）を得ることの何と大変なことか。しかも、新人で初めてそれを経験するのです。そして始末に悪いことに、そこをクリアしないとプロになれないのです。緊張のあまり失敗《しくじ》り、トラウマとなる人がいます。デビューを軽々と飛び越える人がいます。そして、それを克服する人も。また、それを克服しないとプロとしてやっていけないのですね。

コンスタントにいい仕事をする寿司職人がいます。ある時、客が途切れるのを見計らい、「親方のプロデビューはどうだったの?」と聞いてみました。一瞬、遠い目をして表情が曇りましたね。しかし、すぐ笑顔となり言ったんです。

「親方からふんわり握れと耳にタコができるほど言われてたんだけど、緊張で肩に力が入り、握り飯みたいのを出しちゃった」

私は嬉しかったですね。「そうか、今はこんな立派な仕事をする親方にもそんな失敗があったのか」と。

「しばらく客の前に出してもらえなくてさ、出前の寿司ばかり握らされたよ」

親方はそうも言い、ははあなるほど、親方はその期間に腹を据えたのだなと私は思ったのでした。

よく行く床屋の大将にも聞いてみました。話題豊富な人で冗談好き、この人の話を聞きながらウツラウツラするのはとても気分がいいのです。

大将はいきなり笑いましたね。で、自慢気に言ったのです。

「確か客の左の眉《まゆ》だよ、半分剃《そ》り落としちゃったんだ。バランス取るために、あん時は参ったねえ」

参ったのは客のほうだと思いますが、私は「バランス取るために、右の眉も半分落としゃよかったのに」と言ってやりました。

するとと大将、「そうか、その手があったか、ガハハ」ときました。かないませんな。

様々な飲食店で新人を見かけます。これはもう動きがぎこちないのですぐ分かります。オジさん独特の心理でしょうか、声をかけてやりたくなります。「頑張れよ、くじけんなよ」と。自分にもそんな時期があったわけですから、もう感情移入してしまうんですね。

さて、私にもいよいよその日がやってきました。初高座です。客の前で習い覚えた噺を披露するのです。ケイコは重ねました。万全なはずです。ところが、この初高座がとんでもない結末を迎えてしまうんですねえ。

まさに七転八倒の初高座

所は東芝銀座セブンビルプラスワンホールです。今はもうありません。小ぎれいな明るい、キャパ百ほどのいいホールでした。確か吉本興業が東京進出の足がかりにしたのもこのホールではなかったでしょうか。新宿ルミネに定打《じょうう》ち小屋を構えるずっと前の話です。

『談志 弟子の会』。それが会の名称です。弟子の会ですから、談志は出ません。七人の弟子が次々と落語を披露するだけです。みな若く、総領弟子の談十郎だけが前座で、あとは全員見習いという身分でした。

昭和三十年代後半から四十年代前半に落語ブームがあり、入門志願者が殺到している時期でした。ですから、協会に登録されて会員となる、前座にすらなかなかなれなかったのです。

『弟子の会』当時の話は兄弟弟子の間で今でもよく出ます。

「あの頃は若かったなあ」

「ほとんど前座以前の見習いだったもんなあ」

で、毎回同じオチでオヒラキとなります。

「半人前の落語を七席ぶっ続けで聞かされる客こそ災難だったよなあ」

会場はいつも満員でした。弟子の身内や友人知人が犠牲的精神を発揮し、毎回客席を埋めてくれるのです。私はルーキーですから、当然トップバッターです。出囃子《でばやし》が鳴り、「お先に勉強させていただきます」と兄弟子に声をかけると、「おう、しっかりな」という声が返ってきます。

正座をし、扇子と手拭いを前に置き、お辞儀をして顔を上げました。拍手を浴びることの何とありがたいことでしょう。まだ何もやってないのに拍手なのです。「見たことない人だけど、どんな芸の持ち主なんだろう」と期待されてるんですね。期待には応えねばなりません。私はゆっくりと『小町』に入りました。

割とすんなり喋れたと思います。何しろ諳《そら》んじるくらい反復したのです。途中、父や妹の姿を客席後方に認める余裕さえあったのです。上下《かみしも》にも間違いはありませんでした。

そこへ突然セリフが飛びました。いや、出てこなくなったのです。「プロは何があっても絶句してはならない」とは言われてました。しかし、出てこないのですから黙り込む以外ないのです。そこを埋める気持ちより、私はなぜ出なくなったのかを訝《いぶか》しんでいました。そして、何と明るい空間なんだろうと考えていました。

大変なことになっているとようやく気づき、高座の袖《そで》を見ました。誰でしょう、兄弟子が何か言ってます。「最初っからもう一度やんな」と聞こえました。

「えー、落語に出てまいります人物はというと、八っつぁんに熊さんに横丁の御隠居さん。人のいいので甚兵衛《じんべえ》さん、バカで与太郎なんという……」

順調です。さっきもここは上手くクリアしました。しかし、また同じところで出てこないのです。さすがに焦りました。頭は真っ白、いわゆるパニック状態というやつです。「元に戻ってもう一度」と再び袖から声が聞こえ、

「えー、落語に出てまいります人物はというと……」

こうなると、和《なご》やかだった会場も静まり返ります。寂《せき》として声なしというやつで、

かろうじてその認識はありました。そうして三度《みたび》同じところで絶句したのです。謝って高座を下りるつもりはありませんでした。半ばヤケで腹にグッと力を入れるとあら不思議、セリフがスルリと出ました。

当人よりお客が安堵《あんど》するのが分かりました。あとは一気呵成《かせい》です。オチを言い頭を下げると、異様と言っていい拍手が湧き起こりました。さて、その後の衝撃を何に例えましょう。あろうことか私は転倒したのです。

高座というくらいですから、一定の高さがあります。山台《やまだい》を据え、緋毛氈《ひもうせん》をかぶせ、座布団を置いて高座が完成するのですが、高座の後ろに踏み台があり、これを踏みはずし転倒に至ったわけです。

右の頬《ほお》に痛みがありました。瞬間、顔をそむけたのでしょう。鼻や歯を折る流血の事態もあり得たのです。しまった、すっ転んだと立ち上がった時、次の高座の談太が、倒れかかってくる金屏風《きんびょうぶ》を押さえている姿が見えました。

何はともあれ終わりました。袖に引っ込むと兄弟子が口々に「よかったよ」「上手くなるよ」と声をかけてくれました。それが初高座の者に対する楽屋のルールであるとは後に知ったことですが、素直に「ありがとうございます」という言葉が出ました。失敗したという思いより、とにかく済んだという喜びのほうが強かったですね。かくして、私は落語家に一歩踏み出したわけです。落語家に会うことがあったら、ぜひ初高座の様子を聞いてください。それはそれは鮮明に覚えていますから。

すべては思い出、笑い話となる

とにもかくにも、初高座は終わりました。私の場合、客観的にみてもとんでもない初高座です。「穴があったら入りたい、でも穴を掘られても困る」という心理が働きました。でも、私は落語家をやめたいとか、ましてや死んでしまいたいなどとは思いませんでした。適性がないのではと相当落ち込んだものの、悩んだ末に気がついたのです。

それを大袈裟《おおげさ》に考えるのは自分だけで、案外他人は気にかけてないということにです。

トチった挙げ句に転んだという噂《うわさ》を聞き、「あんちゃん、トチった挙げ句に転んだんだって」と言い、それをあげつらう先輩もいました。でも、何だか嬉しそうなんですねえ。否定や軽蔑《けいべつ》ではなく、よく見れば喜んでいるんです。もっと言えば親しみさえ持ってくれていて、「そうかこの人も似たような初高座だったのだな」ということが窺《うかが》えたのでした。

あれは、二つ目になって間もなくの、盛んに結婚披露宴の司会を務めている頃のことでした。ある日、素晴らしくスピーチの上手なお客さんに出くわしたのです。司会も落語の役に立つと思って始めた副業でした。そこへスピーチの上手い客です。私はオヒラキを待ち、コツを伝授してもらおうと、その人をロビーに追いました。

すると、その中年男性は赤面し、「とんでもない、上手いだなんてお恥ずかしい。実は若き日にスピーチで大失敗をしまして」と言ったのです。話はこうです。

初めてスピーチを頼まれたその人は書店に向かい、スピーチ集を求めました。気に入ったものを丸暗記して披露宴に臨《のぞ》んだのですが、何とあろうことか、その人が暗記したネタを前のスピーチの人がそっくりやってしまったのです。

「聞いてるうちに脂汗《あぶらあせ》が吹き出しました。そしてトイレへ逃げ出し、閉じこもってしまったのです。名前を何度か呼ばれたはずです。そのことを思うと今でも恥ずかしくて……。以来、ありものの祝辞は使わないと決め、私と新郎、もしくは新婦とのエピソードしか話さないと決めたのです。これなら他のお客と話が重なる心配だけはないわけですから」

そうか、この人もそうだったのかと親しみが湧きましたですね。やってるんですみんな、失敗を。何でもいきなり上手い人はいないのです。失敗し、それを糧《かて》に今日の姿を迎えているのです。

新人で、なおかつ失敗した人、この本を読んでますかね。言ってやりたいですね、そういう人に。「大丈夫、ドンマイ、みんなやってるよ」と。「命まで取られることはないから安心しな」とも。

失敗はなかなか忘れられません。また忘れてしまってもいけないんです。でも、私は落語家を続けています。なぜか。すべては思い出、笑い話となるからです。ストレートに進む人生なんて面白くも何ともありません。だいたい何かを成した人こそ若き日に失敗をしているものなんです。だからといって何もわざわざ失敗するには及びませんが。

声に出せ、音で覚えろ

付き人の一年間で、談志は五席の落語をケイコしてくれました。そして、そのすべてを『弟子の会』で発表したのですが、絶えず談志が言い続けたことがあります。

「声に出せ、音で覚えろ」

これは何度も言われました。頭の中でケイコするなということです。しかし、どこでも高座のような声を出すわけにはいきません。それでも小さくていいから声を出せという教えなのです。

不思議なことに、頭の中で反芻《はんすう》するだけでは記憶としてなかなか残りません。声に出し、自らの声を聞くことによって記憶が蓄積していくのです。

「音で覚えろ」という教えも同様です。リズムとメロディー、つまり唄を覚えるように覚えろということです。歌詞を忘れたとしても、全体をつかみ、リズムとメロディーが体に刻まれていれば、不思議とそれにふさわしい歌詞が出てくるものなのです。

アパートはもちろん、すべてがケイコ場でしたね。そりゃ落ちつけるアパートが一番ですが、付き人の身ですからそうもいきません。他のケイコでは、テンポが合うのか歩きながらがよく頭に入りましたね。駅三つ、一時間ぐらいは平気で歩いたものです。電車賃も浮きますから、これは一挙両得でした。因《ちな》みに一時間で前座噺を三回から四回ケイコできます。

電車の中もケイコ場です。大きな声こそ出せませんが、山手線の端《はし》っこの席でよくブツブツやりました。三周すると三時間、ヘトヘトになるまでケイコしたものです。声は小さいのですが、上下《かみしも》はきちんと振ります。そこが不審なのでしょう、隣の人がよく席を立ちました。しかしメゲません。隣の席があけば、少しだけ声量を上げられるのです。

前座仲間は警察に通報されました。彼は私以上に覚えられないタイプで、それを克服しようとケイコの鬼になりました。アパートで朝ゲイコをし、駅までの時間も惜しみブツブツやるのです。で、「毎朝家の前をブツブツ言いながら通る怪しい男がいる」と、通報されてしまったのです。

落語家なら誰もがそんなエピソードの一つや二つは持ってます。そして、それは前座時代に集中するのです。やはり覚える技術、記憶術をまだ会得してないのですね。コツが分からないからリフレインするしかないのです。声に出し何度も何度も喋り、頭というより体に刻み込ませるしかなく、夢中になるとつい周囲への配慮を忘れてしまうんですね。

耳を澄ませ、耳で覚えろ

『弟子の会』の打ち上げに誘われたことがあります。確か私にとって三回目の高座の後だったと記憶しています。どうやら水割り作りの要員として誘われたようです。理由はどうでもいいんです。私は勇《いさ》んで出かけました。

御馳走《ごちそう》してくれるのは会の常連さんでした。発足以来のお客で、兄弟子はチームワークよろしくヨイショしてました。私は役割を務め、せっせと水割りを作りました。するると、常連さんが「寸志クン、ちょっとこっちへ」と言ったのです。

兄弟子が顎《あご》を引いたので、私は常連さんの前に座りました。「何だろう、小言かな」と一瞬思いましたが、常連さんは意外なことを言いました。

「初高座を見た限りではどうなるかと思ったけど、キミ、グングンよくなってるよ。口調もいいし声も大きいし、筋がいいよ」

兄弟子たちが顔を見合わせ、言ったもんです。「そうです、こいつ筋がいいんです」「そうそう、私も見込みのあるヤツだと思ってました」って、普段言ってることとまるで違うんです。常連さんは続けました。

「プログラムに群馬出身とあったけど、本当かい。短い期間によく直したねえ、偉いよ」

このひと言は嬉しかったですねえ。それは入門以来の懸案事項だったからです。北関東と東京ではアクセントが違い、日常会話のその部分を談志は聞き逃さず、マメに指摘しました。「ニュースを聞け、見ろ。で、アナウンサーを追っかけて喋れ」とも言いました。これは効果がありました。後年、訛《なま》るアナウンサーがいることにも気づいたのですから。

談志に「不思議なヤツだ、落語は訛らねえ」と言われたことがありますと伝えると、常連さんは頷《うなず》き、「きっとキミは耳がいいんだろうね」と言いました。

ハタと気がつきました。談志が常々「音で覚えろ、必ず声を出せ」と言っていたのはこのことだったのです。それは「耳を澄ませ、耳で覚えろ」ということだったのです。深く意味を考えず、愚直に実行していたのですが、いま常連さんはそこを認めてくれたわけで、パッと晴れ間が広がったような気がしました。

以降、この常連さんの褒め言葉を頼りとしました。私が相談を持ちかけると、常連さんも短くアドバイスをくれるという間柄にもなりました。私の若き日を支えてくれた大事な大事なお客さんでした。

いい小言も胸に残りますが、褒め言葉はそれ以上に強く残り、感謝の念さえ湧くものです。上司の皆さん、新人に対し、小言が多くはありませんか。多くてもいいんです。でも、たまには褒めてやってください。新人が気にしていること、欠点をあえて褒めてやれば、彼が俄然《がぜん》張り切ること請け合いです。そして、あなたは味方を一人獲得するのです。

テレコの音だけで旅行を語る

集合写真のよさってありますよね。折々の家族のお祝い、あるいは団体旅行など、さあ家の中に何十枚あることでしょう。

旅行っていいもんです。私は単独で動くことが多いので、たまの団体旅行が嬉しくて仕方ありません。旅行そのものもいいのですが、その後の反省会と称する写真交換会も楽しみです。特にスナップ写真には思わぬ景色や表情が写ってたりして、旅行をもう一度味わえるのです。

ある施設に伺った時、発見がありました。目の不自由な方々の前で落語を一席、その後軽い懇親会があり、いざ解散となった時でした。何人かの女性が海外旅行の反省会をするというので混ぜてもらったのです。

目が不自由なんだから写真の交換はないだろうと思っていたのですが、各自がテーブル上に持ち出したものを見て少なからず驚きました。小型録音機だったのです。それは我らがケイコに使うものと同じで、見慣れた風景なのですが、音が少々違ってました。何だかザワザワしていて、グラスが触れる音らしきものが聞こえ、話し声が時折混じるというものだったのです。ある人が「これ、ローマのレストラン。あのパスタおいしかった」と言い、またある人の録音機からは、何か説明する男の人の声が流れ出ました。少し怪し気な日本語でした。それらを聞きながら彼女たちは言うのです。

「あ、バチカンよ、あの説明の人、いい男だったわね」

「あら、どうしていい男だって分かるのよ」

「バカね、声のいい人はいい男に決まってるの」

笑いが何度も弾けます。何という素晴らしい耳であり、記憶力であることでしょう。彼女たちは喧騒の中の音や声を聞くだけで、それがどこの街だったかを正確に言い当てるのです。明らかに、彼女たちは旅行をもう一度楽しんでましたね。

談志の言葉が甦《よみがえ》りました。耳を澄ませて音で覚えることは重要なのです。

自己紹介したら堂々とすればOK

付き人の一年間で、多くのことを学びました。行く先々のことごとくが新鮮で、刺激にあふれていました。談志が落語オンリーではない落語家だったからこその経験で、あちこち連れ回されたことが私に大きな影響を与えました。

テレビ、ラジオ、映画に出演し、講演もこなせば対談、鼎談《ていだん》と何でもござれ、しかも、仕事場には有名人が待ち構えているのです。

談志はテレビの歌番組の司会もしていて、その収録先のある公会堂に楽屋入りした時のことです。息を飲みましたね。それまでテレビを通じて見ていた一流歌手が勢ぞろいしていたのです。

談志がメインの番組です。歌手のほうから談志に挨拶《あいさつ》にきます。談志はプロを向こうに回して歌謡曲論などをぶち、私は私で歌手にお茶を出します。「ではそろそろリハーサルを」などと声がかかり、いったん解散となります。このとき談志が言ったのです。

「彼らは客だから茶を出すのはいい。だけど、必要以上にヘコヘコするな。おまえは落語家なんだ、もっと堂々としてろ。いいか、おまえはオレの弟子というだけで大したもんなんだぞ」

今にして思えば大変な殺し文句ですが、思い当たることが多く、納得しましたですねえ。そうです、私は卑屈なほど歌手に頭を下げていたのです。私は落語家で彼らは歌手、考えてみればヘコヘコする必要はないんですねえ。

ただ新人でそういうところでの楽屋作法に通じておらず、頭さえ下げてりゃ間違いなかろうという楽な方法を取ったことで、談志に叱《しか》られたのです。

そのひと言で肩の力が抜けました。それまでひたすら緊張し、どこに身を置いたらいいのかさえ迷っていたのですが、ほんの少しとは言え自然体に近づくことができたのです。「オレは落語家なんだ。見習いではあるけれどプロの端くれ、堂々とすべきなんだ」と、自らに言い聞かせる必要はありましたが。

どの業種にも新人はいます。緊張のあまり、身の置きどころに窮している人もいるでしょう。マナー本で覚えた知識は緊張のあまり真っ白。なんてオレは頭が悪いんだと頭を抱えてしまうケースもあるかもしれません。

たとえば、上司や先輩と取引先に出かけたはいいが、座る場所が分からないというようなことです。今ならアドバイスできます。「自己紹介をきちんとし、頭を下げたら、あとは堂々としてればいい」と。堂々としてれば、どこに座るべきかはおのずと見えてくるものなのです。

ミスが続き、誰かが月給泥棒と言ってるのではないかとの妄想にとらわれている新人もいることでしょう。大丈夫です。誰もそう思っていませんし、上司も時々ポカをやり、それでも悪びれずにちゃっかり給料はもらっているのです。それとこれとは別、てなことを思いながら。

落語家の新人には、まずその心配はありません。なぜなら、給料というものが初めから存在しないのですから。世の新人諸君、その点だけでもキミらは幸せだぜ。

第二章　前座（新人）はまず真似なさい

楽屋仕事が認められる第一歩

弟弟子が入門し、一年間の付き人から解放されました。兄弟子からそうしてもらったように引き継ぎをし、寄席の楽屋に入りました。いよいよ前座としての修業が始まるのです。

驚きました。楽屋には夥《おびただ》しい数の落語家と色物の芸人がいたのです。一部を除《のぞ》き、ほとんどが私の知らない芸人でした。

それは私が談志のオッカケだったことに原因があります。談志一本で他は目に入らず、そりゃテレビを通じて見知った芸人もいましたが、それでもほとんどの人が初めて見る顔で、楽屋の最初の仕事は出入りする芸人の顔と名前を記憶することから始まったのです。

芸能のどの分野でも、一部の有名な人とほとんどの無名な人で構成されていると知ったわけですが、楽屋に入ってきた見知らぬオジさんに「ここは楽屋です。寄席と違いますよ」とやってしまい、大小言《おおこごと》を食ったこともあります。その落語家は怒りましたね。

「オレを知らねえのか、どこの弟子だ」

お陰で私の名前はすぐ覚えてもらえましたが。

どの寄席の楽屋においても私が一番の新人ですから、仕事は山ほどありました。まず下足《げそく》、はき物ですね。芸人が楽屋入りします。これを「お早うございます、ご苦労様です」と迎え、くつ脱ぎに下ります。その人のはき物を下駄箱に納めるのです。とにかく各楽屋のくつ脱ぎは狭いのです。

出番と着換えが済むと一足先にくつ脱ぎに下り、はき物を出し、靴ベラを差し出します。時に老芸人に肩を貸すこともあり、それをやらないと〝気の利かぬヤツ〟ということになります。当然、はき物を間違えて出したらエライ事になるわけで、まあ小言が雨アラレと降ってくるとだけ言っておきます。

楽屋入りすると、芸人はまず上着を脱ぎます。これにコートやオーバーが加わる季節もあり、前座はこれを脱がせ、あるいは受け取り、ハンガーに吊るします。当然、帰り際に着せることになるのですが、これまた記憶が不完全だと小言を食うハメになるのです。まあ、ホテルで言うとクロークの仕事もこなしていたわけです。

これまでの付き人生活は、談志のみの世話をすればよかったわけです。言わば特定少数だったのですが、お世話の対象がある日を境に不特定多数に変わり、覚えることが多過ぎて、戸惑う日々が続きました。いずれも業界の先輩方です。でも有り体《あてい》に言えば、惚《ほ》れてもいない方々に尽くすわけです。ハードではありましたが、談志に尽くすことには何の疑問も感じませんでした。しかし、楽屋では公平に尽くすことが求められました。そしてそうすることが業界に認められる第一歩だったのです。

前座の、しかも新人の仕事は多岐にわたります。楽屋入りすると即高座と思っていたのですが、間違いでした。それらの仕事が無難にこなせるようになり、そこで初めて「高座に上がってよし」ということになるシステムだったのです。

古参の前座が教えてくれたこと

新人前座の仕事は時に過酷で、何のためにこんなことをと思いますが、徐々に分かってきます。すべてそれが落語につながるのだと。

たとえば、着物のたたみ方です。三遊派と柳派のたたみ方の微妙な違いに始まり、本だたみ、立ってもできる袖だたみ、中には片膝立ちのその膝の上で本だたみをやってのける前座もいて、目を瞠《みは》りました。先輩前座は狭い空間でも本だたみができることを実践して、見せてくれたのです。

高座返しにも作法があります。静かに流れるように、決して客の邪魔をしないというのが鉄則です。落語家の場合、高座布団とメクリ（芸人の名前が書かれた紙）を返すだけでいいのですが、奇術や紙切りの後は要注意です。ネタに使ったロープの切れ端や紙クズが落ちていることがあります。それをさり気なく手早く袂《たもと》に入れ、引っ込まなければならないからです。

「タバコを買ってきてくれ」「車、持ってかれてないか見てきてくれ」などと様々なことを頼まれます。使いっ走り、駐車係までも兼ねるわけで、それらを積み重ねることによって私という存在が次第に認知されてゆくのを感じます。

楽屋は概《おおむ》ね三人の前座で回します。末端の細々とした仕事は新人の私、真ん中に位置する前座は太鼓専門です。出演者の出囃子を下座《げざ》さんが弾《ひ》き、合わせて太鼓を叩《たた》くのです。出囃子の太鼓は数が決まっていて、よく覚えられるものだと私は感心しきり、そして、徐々に私はその人から太鼓の手ほどきを受けるようになるのです。

驚くべきは古参の立前座《たてぜんざ》でした。この立場の人には進行を始めとする全権が任されており、主な仕事は出演者に給金を渡すことと〝根多帳《ねたちよう》〟をつけることでした。横長の昔の通《かよ》い帳《ちよう》のような作りで、ネタと演者名を筆で記します。落語家はこれを見て高座に上がるため、決してネタが重なることがないのです。

高座に出た落語家はまず挨拶、そして世間話です。やがてマクラを振り本筋へと入るのですが、その間、立前座は他の出演者と他愛ない話をしています。で、本筋に入った途端、根多帳に「明烏《あけがらす》　何某」などと墨痕《ぼっこん》鮮やかに記すのです。

ビックリです。高座に注意を払っていた様子もありませんし、まだネタに入ったばかり。しかし、高座に耳を傾けると、それはやはり『明烏』なのです。

蓄積がものを言ってます。廓噺《くるわばなし》のマクラは大体似通っています。で、廓噺だなと見当をつけ、そして最初のセリフで『明烏』との判断を下すのです。他の仕事をしながらも、耳は高座にあるわけで、そのことがいかに大事であるかを痛感した一瞬でした。たくさん聞くこと。その噺の大筋をつかむこと。その結果、チラッと聞いただけで何の噺か分かるようになるのです。私が末端の仕事をこなしながらも、高座に注意を払うようになったのは言うまでもありません。

量をこなし体で覚える

「初心忘るるべからず」と言います。「原点に返れ」とも言います。新人にとっての初心や原点は、それはリフレインです。とにかく量をこなすしかないのです。

甲子園で活躍し、プロ入りした野球選手に聞いたことがあります。最初の一年は、走り込みと千本ノックの日々で、バッティングはほとんどさせてもらえなかったそうです。バッティング練習に取り組み始めた二年目に、足腰が安定したことに驚いたと言っていました。

「守備もフットワークが軽くてね。強制されて分かるのは情けないけど、反復が効いたんだ」

まず体が覚え、次にそれを頭が理解したということなんですね。その順でいいんです。覚えるということはそういうことなんだと思います。

前座にお茶汲みが不可欠な理由

さて、皆様の職場では、今お茶汲《ちゃく》みはどう扱われているのでしょう。いっときOLさんが怒ったことがありましたね、「私たちはお茶汲みのために就職したのではない」と。ということは、銘々が勝手にいれて飲んでいるのでしょうか。それともあの押しボタン式の機械が導入され、けっこう重宝しているというのが現実でしょうか。

楽屋では、お茶汲みは前座の重要な仕事です。最初、漫然と出していたのですが、あるとき受け取ってもらえないことがあり、「これはおろそかにできないぞ」と思い至ったのです。その真打は受け取らない理由を言いませんでしたが、何やら忙しく手帳にペンを走らせており、間《ま》が悪かったのだと推察しました。

そもそも支給される茶っ葉が粗悪です。それを工夫し、何とか旨《うま》く飲んでもらおうと努めていると、見えてくるものがありました。出演者それぞれの好みです。熱好き、ぬる好き、量たっぷり、少し、濃い薄い、薬を飲むので白湯《さゆ》などなど、それは好みが分かれるのです。

いつ出すかもポイントとなります。つまり〝間〟ですね。「お茶お茶」とせっかちに催促する人は楽です。すぐ出せばいいのです。ところが、やはりうるさい人はいます。売れっ子は余裕があり、寛容なところを持っていますが、難しいのは芸があるのに人気が今一つという芸人です。往々にして気難しく、扱いに苦労するのです。

某真打の例ですが、上着を脱ぎ、ドッカと腰をおろし、やおらタバコを取り出すと、ゆっくり火をつけます。フーッと煙を吐いたその一瞬に「お茶でございます」でないと機嫌を損ねます。

いつも無言で受け取る人がひと口飲み、ニッコリ笑ってくれた時の嬉しさといったらありません。胸の内でガッツポーズをしたものです。

小さな自己満足と思われるかもしれませんが、これがケイコの始まりなのです。コンスタントに務め、笑顔を獲得すると、そこに信頼関係が生まれます。やがて、「僕の会の前座を頼むよ」との声がかかりました。それを目的としてやったことではありませんが、嬉しい一言でした。

その前座と楽屋を務め、打ち上げの席でも働いていると、「今度家へいらっしゃい、ケイコをつけてやるから」と言われました。この時ハッキリ気がついたんですねえ、先輩前座から言われた「お茶汲みの手を抜くな」という言葉の意味に。何やら〝風が吹けば桶屋《おけや》が儲《もう》かる〟式の話ですが、前座仕事のすべてがつまるところケイコにつながってくるのです。

これで、前座仕事に不必要なものがないことが証明されたわけです。一見無駄に思えるもの、そこに肝があるのです。楽屋は効率と無縁の世界です。つまり、デジタルでなくアナログの世界なんですね。もっと言えば〝急がば回れ〟ということなのです。で、それを〝修業〟というのです。

ですから、私は会社の雑用にもきっと意味があると思います。コピー取りにしても、そこから上司の仕事の進め方や人となりが見えるかもしれません。上司はまた上司で、新人を見ているものです。骨惜しみせず雑用をこなすタイプなのかどうかを。そうです、新人はいつでも試されているのです。でも、新人の時って、それが分からないんですよね。

印象に残るケイコは忘れない

「ケイコにおいで」と声がかかったのは千載一遇のチャンスです。都合のいい日を伺い、早速ケイコに出かけました。

その師匠は低層の都営住宅に住んでいました。立派とは言えないものの、しっとり落ちついたいい住まいでした。驚くべきことに師匠は高座用の着物を着て待っていました。家族がいるのは知ってましたが、子供は学校でおカミさんは買い物と見当をつけました。

持ちネタを聞かれ、「では『蟇《がま》の油《あぶら》』を覚えなさい」と言い、お辞儀をすると、高座そのままに喋り始めました。恐縮です。他で喋ればカネになる芸をタダで披露してくれているのです。しかし、そう思うのは集中力の妨げです。全身を耳にして、目を凝らしました。

師匠は二度『蟇の油』をやってくれました。翌日も二度です。三回ゲイコとは言いますが、都合四回聞かせてくれたわけで、その二日間猛ゲイコした甲斐《かい》もあり、三日目にはほぼ完璧にコピーしたものを披露することができました。

「セリフはよしとして」と師匠は言い、その後、刀の抜き方、紙吹雪の降らせ方と目の動きを演じて見せ、それを私にもやらせ、そこで「高座にかけてもいいよ」と言いました。しばしして「キミ、もの覚えがいいね」とも言いましたが、私からすれば当然です。高座と同じように四回もやってくれたのです。これで覚えなきゃ失礼というもので、恩に報いるには覚えるしかなかったのです。

その後、何人もの師匠にケイコをつけてもらうことになるのですが、高座着を着て高座と同じテンションでやってくれた人はありませんでした。正座はするもののテンションを落とす人。これが一番多く、胡座《あぐら》をかいて教える人も少なからずいて、中には、ちょいと表へ出ようと言い、公園のベンチで始める人もいましたっけ。

印象に残るケイコは忘れません。シチュエーションとともに落語の中身も忘れないのです。高座とまったく変わらず教えてくれた師匠からは三席授かってますが、いまだに持ちネタとなっています。

公園でのケイコも忘れられません。ベンチに横並びのケイコだったのですから。正面に立とうとすると「いいから横に座んなよ」と声がかかり、今でもその状況を思い出すと笑いがこみ上げてくるくらいです。公園を散歩する人にはさぞ珍妙な二人に見えたでしょうねえ。もちろん、その折のネタもきっちり覚えています。

「キミの口調は司会に向いているかもしれないね」と言ってくれたのは、高座同様に教えてくれた師匠です。まさに先見の明、二つ目時代の私は千組を超える結婚披露宴の司会をこなすようになるのですから。

その師匠はこれからひと花という時に亡くなりました。恩人の一人です。

まねる、まねぶ、まなぶ

「すべての芸術は模倣より始まる」と言います。つまり、真似るわけです。そうしてスキルアップし、やがて自分のスタイルを確立させるわけですが、落語家の場合、まず師匠を真似ます。

私など一時、普段の口調や文字まで似てしまったぐらいで、師匠の弟子に及ぼす影響は計り知れないものがあります。前座仕事を重ねながらたまに高座に上げてもらうのですが、それを聞いていた真打に「キミ、談志師匠のお弟子さんだろ」と言われ、まだ名乗りを上げる前なのにと驚いたことがあります。

当人は夢中で似ていることにも気づいてないのですが、第三者から見ると分かるらしいのです。その人は「志ん朝師匠の弟子だろ」「円楽師匠の弟子だろ」と次々と言い当て、ある前座には「キミ、その噺、誰から習った？」と訊《き》きました。前座は「A師匠から」と答えたのですが、一喝されました。

「ウソをつけ、A師匠はそんな教え方しないはずだ」

楽屋は恐いところだと戦慄しましたですねえ。その前座、ケイコに行く労を惜しみ、レコードか落語全集で覚えたのです。

「談志師匠そっくりだねえ」と何度か言われました。もう私は有頂天《うちょうてん》です。「似ている、そっくりだ」と言われ、嬉しかったのはいつまでのことでしょう。二つ目になり、真打を意識した頃まででしょうか。

後年似ていることで苦しむことになるのですが、その話はまた後ほどということにして、修業の初期に「似ている」と言われることはよしとされています。

皆さんの職場にもいるでしょう。上司の物真似をやり、やんやの喝采を浴びる人が。そして必ず、それより仕事ぶりを真似ろよとツッコまれているはずなのです。

しかし、コピーする力は侮《あなど》れません。目と耳、それに観察眼がよくないとできないからです。師匠に似るということは芸風を受け継ぐことであり、また後年、そういう人が師匠の芸名を襲名するケースも多いのです。

また、コピーするということは、その人への敬意にもつながります。興味があるからこそ真似るのです。物真似が上手い人は、そういった意味でも人に好かれる可能性を持っています。特に新人は上司の立ち居振る舞いから電話のかけ方、企画書の書き方に至るまで、まずは真似るくらいでいいと思います。もちろん、真似たくなるような上司であることが前提ですが。

〝真似る〟は〝学ぶ〟に通じるとも言います。まねる、まねぶ、まなぶとつながるわけです。真似るが学ぶとなるのを、なるほどそうだと実感することがあります。ケイコをつけてもらう立場から、ケイコをつける立場に変わった時です。弟子や他門の後輩がケイコにくるわけですが、かつて自分が教わった通りにやろうか、それとも自分なりにこしらえたままをやろうかと考え、相手の適性によってケイコ方法を変えるのです。

ケイコをつけながら、ケイコをつけてもらった時のことを考えます。原点に立ち返ると言いますか、A師匠からはこう教わったけれども、B師匠のこんなやり方もあるよと、ケイコの後で伝えたりもします。つまり、教えながらあらためて学ぶのです。手練《な》れたネタでも、相手のためにじっくり語り、そのことによって噺がよく見え、ヒントをもらったりすることもあるのです。

続けることでサマになる

覚えること、記憶することの連続、それが前座の日常です。とにかく分からないことだらけなのですから仕方ありません。〝鉄は熱いうちに打て〟との例え通り、鍛えられもするのです。

前述しましたが、下足に始まり、洋服や着物の着換えとたたみ方、高座返しの作法、太鼓、お茶汲みから使いっ走りに至るまで、そして何より落語が肝心で、毎日覚えることに終始するのです。

どれも上達の早道はありません。コツもつかめず、努力の方法が分からないのですからただ積み重ねるより他になく、数多くこなすだけです。失敗《しくじ》り、小言を食らいつつ続けますとあら不思議、それぞれが少しずつ何となくサマになってくるのです。

あるとき古参真打が若手真打にこう言っているのを耳にしました。

「いいよ今日の出来。前に聞いた時よりずっといい。いよいよ体に入ったね」

〝体に入る〟という言葉が新鮮でした。覚えた、記憶したでなく、〝体に入った〟なのです。ケイコの折の談志の言が甦りました。

「反復だ。リフレインだ。高座で他のことを考えてても口からセリフがよどみなく出るくらいケイコしろ。夢の中でも落語をやるぐらいにならなきゃダメだ」

談志はそう言い続けたのですが、〝体に入る〟ということがまさにそれだと直感したのです。前述したとおり、体で覚えることが重要なんですね。

楽屋仕事では、バカ、ドジ、マヌケなどと罵声《ばせい》を浴びますが、高座に関しては「キミ、声が大きいのはいいよ」と某真打に褒められました。これも談志の言う通り実行していたのですが、そこを評価する人が現れたのです。

「あのね、大きい声の人は小さい声が出せるんだ。ところが、普段声の小さい人は、いざとなると大きい声が出せないものなんだよ。小さい声でボソボソやると、聞きようによっちゃ上手く聞こえて、そこがまた曲者《くせもの》でね、大概そういう人は小さくまとまっちまうものなんだ。今のまんまでいい、大きな声でおやり」

いや、嬉しかったですねえ、三十数年経った今も忘れないくらいです。

ライバルが暗記の糧となった

様々な才能と間近に接し、ヘコむことの多い日々でしたが、たまにはそんなふうに褒められることもあり、更にやっていけるかなと思ったのは、同期の出現によってです。昭和四十五年入門は四人いて、彼らとともに働けるローテーションを待ち望んだものです。

何とか時間とカネをやりくりし、よく彼らと安酒を飲みました。それぞれの師匠は（古今亭）志ん朝（三代目）、（林家）三平（初代）、談志、（柳家）つばめ（五代目）と分かれましたが、入門はそれぞれが三カ月とは違わず、先輩も後輩もない同期と衆議一決、たちまち意気投合したのでした。

親交が深まるにつれ、意外な事実が判明しました。皆やっていけるのかと不安を抱いていたのです。「そうか、オレ一人じゃなかったんだ」と肩を叩き合いました。彼らがいたから前座生活を乗り切れたのだと、今では確信しています。

同期四人はウマが合い、しょっちゅう集まり、楽屋でも珍しがられました。「ウマが合う二人というのはよくあるが、四人はまずない」と言うのです。

カネがない時は喫茶店でねばり、誰かがカネを持ってれば居酒屋やスナックに繰り出すというパターンで、様々なことを話し合いました。酒を飲めば気が大きくなるのは常で、そのとき四人は落語界を背負って立つつもりでした。

仲がよくても、お互いのネタ数には敏感でしたね。入門から三年、それぞれのネタ数は三十席前後、三席少ない者には口に出さずとも優越感を持ち、二席多い者には内心に悔しさの炎を燃やし、長居はしても、家に帰ったと同時にケイコを始めたものでした。

盛り上がり、四人で勉強会をやろうということになりました。恐る恐る師匠にお伺いを立てるとOKが出て、中でも私の師匠は「やれやれ、むしろ遅過ぎるぐれえだ」と言い、我らは意を強くしました。やるなら大きなところでと衆議一決、会場は新宿の安田生命ホールを押さえました。

キャパ四百、我らは勇み立ちました。会の名称をということになり『よつばの会』と命名しました。我らと同年代の人気グループ・フォーリーブスにあやかった名称で、ネタも前座噺でなく大ネタを披露しようと怪気炎を上げました。

満員になり、取材もいくつか受け、意気揚々と寄席の楽屋に入ったのですが、評判は最悪でした。いわく「生意気だ」「前座にあるまじき行為だ」等々です。前座が徒党を組み、大きな会場で落語会を催すことは前代未聞とかで、それ故の非難だったたわけです。

でも、気にしないことにしました。いつになったら二つ目になれるのか、前座暮らしが永遠に続くのではないかと思っていた時期だけに、『よつばの会』の感触は、前途に光明が射した気がしたのです。

実際、『よつばの会』はその後の前座生活の支えとなり、二つ目になっても続きました。一人ではない。友がいる。その友はライバルでもある。そのことが心丈夫であり、刺激となり、活力が出たんですね。負けるもんかと競い合う、まさに前座時代の後半がそれでした。一人で努力の方向が見えない状況はつらいものがあります。たとえそれが強敵であっても、競い合うライバルは必要なんですね。

同期とは今でもときどき会います。二つ目、真打とそれなりのつきあいはあったのですが、なぜか話は前座時代の思い出となります。やはり新人時代は印象が強いということなのでしょう。

で、ハタと気づきます。なぜ失敗談がこんなに楽しいのかと。そうです、若き日の失敗はすべて思い出話、笑い話となるからです。方向が分からず、等しく悩み苦しんだ日々があるからこそ、みんなで懐しみ笑えるのです。

第三章　二つ目（中堅）は状況も覚えなさい

二つ目は自力で生きねばならない

二つ目に昇進しました。四年と八カ月の前座修業が明けたのです。当時としては平均的な修業期間でした。前座、二つ目、真打と落語家には三つの階級があり、二つ目はちょうど真ん中、会社で言えば中堅といったところでしょうか。基礎を覚え、グッと仕事量が増える頃です。

後に真打が控えていることを考えれば、この二つ目の期間が最も重要で、鍛えれば鍛えるほど真打としての充実した日々が待っているのですが、頭ではそう分かっていても、現実にはそうならないのが人の常です。

とにかく楽屋の雑事から解放されるのです。交通費がやっとの安い給金で長時間にわたって拘束されることもなく、出番の少し前に楽屋入りし、前座にお茶をいれてもらえる立場で、出番が済んだら帰ってしまってもいいのです。自由です。この喜びに勝るものがどこにあるでしょうか。

所属する組織が、「表で自由に仕事をしていい」と言ったわけです。紋付き羽織袴《はかま》の着用が認められ、自分の名入りの手拭いさえ染められるのです。「おめでとう、しっかりやんなよ」との言葉付きで、今までお世話してきた落語家や色物の芸人から御祝儀ももらえます。

これで浮かれないほうがどうかしています。「真打になった時より、二つ目になった時のほうがよっぽど嬉しかった」と、諸先輩も口を揃《そろ》えるくらいなのです。で、私もやっぱり例にもれず浮かれたわけです。

前座は我慢の時代です。二つ目になったら、あれもこれもとやってみたいことがずいぶんありました。まず、スーツを買ってパリッとし、かねてから目を付けていたバーやレストランへ行きました。時に前座を伴《ともな》い、いい気になって御馳走したりしたのですが、御祝儀を使い果たした時、ハタと思いました。「さて、これからどう生きていったらいいのか」と。同時に某真打の助言を思い出したのです。それは、御祝儀に添えられた言葉です。「二つ目貧乏だけにはなりなさんなよ」と、その真打は言ったのです。

前座は楽屋にいる限り、食いっぱぐれはありません。初日《しょにち》や中日《なかび》に各出演者から〝ソバ代〟と称する御祝儀が入るからです。大部屋俳優さんからもそんな話を聞いたことがあります。しかし、二つ目は自力で生きていかねばならないのです。世間を相手に仕事を自ら探さねばならないのです。

昇進とは名ばかり、実は「勝手に生きろ」と世間に放り出されたのだと遅まきながら気がつきます。会社勤めと違って固定給はありません。完全歩合制で、仕事がなければ食えないのです。寄席や落語会の出番も、労働力として欠かせない前座と客を呼べる真打で構成されていて、二つ目の出番はまずありません。では、どうするか。尻に火がつくと動き出す。これもまた人の常なのです。

的確なヨイショで味方を作る

生活が脅《おびや》かされつつあったある日、ケイコに通った師匠の「キミの口調は司会に向いているかもしれないね」とのひと言を思い出しました。折しも結婚ブーム、団塊の世代が次々に結婚しており、これは需要があるかもと結婚式場を訪れ、売り込みました。

セールストークは「乾杯まではアナウンサーのように。祝宴は落語家の本領発揮」で、これに支配人が興味を示し、意外や早速採用となりました。前半はきれいに進行し、乾杯と同時に落語家に豹変、小噺などヨキョウを披露するパターン。これは当たりましたね。お客が喜び、両家から御祝儀が出たのです。

ギャラの他に副収入です。有頂天でこのパターンを繰り返していたのですが、式場が喜んでないことを知りました。盛り上がり過ぎて時に延長となり、その会場における次の披露宴に影響が出始めていたのです。盛り上げるのは構わないが、それは制限時間内にということなのでした。つまり、結婚式場におけるいい司会者とは、オヒラキの時間を厳守する司会者のことだったのです。

「なるほど、そういうものか」と学習し、盛り上げつつ時間内におさめる努力をしたのですが、明らかに私より技量の落ちる司会者が重用されていることに疑問を持ちました。なぜ彼に仕事が多いのかと注意を払って見てますと、彼は支配人からボーイさんに至るまで万遍なく気を遣っているのですね。つまりヨイショです。目からウロコです。「そうか、それが仕事というものなのか」と感じ入ったのです。一つの披露宴をオヒラキにするには大勢の人が動きます。その人たちの協力なしでは披露宴は立ちゆかないのです。彼はそのことがよく分かっていて、世間話やヨイショをすることによって味方を作っていたのです。

何のための楽屋修業かと思い至りました。あの日々が生かせないはずがないと。ボーイさんとの会話のうちに、支配人が熱烈なる巨人ファン、それも長嶋信奉者であることが分かりました。私も当時そうでしたから話は楽です。さり気なさを装《よそお》って言ってみたのです。

「五ゲーム引き離したので、優勝は間違いないでしょう。長嶋の今年の采配は冴えてますからね」

寝ている人がムックリ起き上がるようでしたね。支配人は喜色をあらわにし、「何だキミも巨人ファンだったのか。早く言いなさいよ」と笑ったのでした。さあ、それから仕事のくることくること。私は嬉しい悲鳴を上げたのでした。一方、宴会場チーフは阪神ファン、「儲かってるんだから優勝しなくてもいい」と公言する阪神フロントを、二人で口をきわめて罵《ののし》ることも忘れませんでした。

結婚披露宴の司会ではチームワークを学びました。スタッフの情報を集め、記憶し、それを小出しにすることによって物ごとが円滑に進むことを知ったのです。

名刺の裏に顧客情報を書き込む

また、この頃から接する人の情報を極力記憶することを意識するようになりました。その中で、みなさんにとっても役に立つかもしれない例を書きます。

これは真打になってからの話ですが、よく行く居酒屋で隣り合わせた人と意気投合しました。もちろん落語が取り持つ縁で、その人がなかなかの落語ファンだったからです。当時の私と同世代で、三十代前半の方でした。

ずいぶん飲みましたねえ。互いがベロベロ一歩手前で、別れ際に名刺交換しました。さて翌朝、夕べの彼をお客様リストに入れようと名刺を探しました。独演会を始めたばかりで一人でもお客が欲しかったのです。彼は「ぜひ伺います」と言ってくれましたしね。

それらしき名刺が一枚出てきたのですが、それは彼の名刺ではありません。昨日名刺交換したのは彼一人、しかし、聞いた名前ともらった名刺の名前が一致しないのです。おまけにその名刺の裏には細かい字で何やらビッシリと書かれています。はて、面妖なと思ったその時、電話が鳴りました。果たして夕べの彼でした。私の名刺は先方に渡っており、それで電話をかけてきたわけです。

「ごめんなさい。実は夕べ、他人様《ひとさま》の名刺を渡してしまったようです」と彼が言い、疑問は氷解しました。こうなれば話は早く、「お渡ししますのでまた会いましょう」と、その晩また居酒屋に出かけました。

名刺を渡すと、彼はホッとした表情をしましたねえ。どうやら大切な名刺だったようなのです。前日は落語談義が主で、彼に関する情報は少ししかもたらされなかったのですが、この晩はじっくり話を聞くことができました。

彼は某企業の営業職にあり、今大きな仕事を獲得するために動いていたのです。同業他社数社も食い込みを計っており、「製品そのものは他社のほうが優れているかもしれない」と言うのです。「昨日、先方を初めて訪れ、責任者の名刺をもらい、喫茶店に入って名刺の裏に責任者の情報を色々書きつけた。だから、その名刺が戻ってきて嬉しい」と、彼はそう続けたのです。

彼は嫌がりましたが、いったんもらった者の権利として、改めて名刺の裏を見せてもらいました。顔の印象、背格好、干支を聞いての年齢推測、出身大学、そして、子供は中三と中二の年子などと書いてありました。

「とにかく上司は絶対契約を取れの一点張りで、大変なんです。だからこそ、このメモを突破口とするんです」と、彼は緊張の面持ちで言ったのです。ああ、落語家の何と甘いことかと私は思いましたね。まだケータイのない時代、彼は名刺の裏に必死にメモを取っていたのです。

他社の営業マンには彼よりレベルの高い大学を出た人もいたようですが、彼と先方の責任者は同じ大学の出身でそのＯＢの結束が強く、そっち方面から攻めて契約を勝ち取ったと後に聞きました。

そんな彼ですから出世し、今では部下を伴って独演会に顔を出してくれます。

記憶力をひけらかすと……

結婚披露宴の司会では心がけたことがあります。それは祝宴になるまでの主《おも》だったお客四人、つまり媒酌人、新郎側新婦側の主賓二人、そして乾杯の発声をする四人の肩書と名前を諳んじて紹介するということです。

落語を覚える要領です。出席者全員の名前を覚えるわけではありません。たった四人です。会社名や複雑な肩書きにはちょっと苦労しますが、ニッコリと諳んじる効果はなかなかのものがあります。「さすがはプロ、しかも誠意がある」ということになるのです。つまり、お客と私との間に信頼関係ができるわけで、後半いささかハメをはずしても許されるのです。

別の結婚式場でのことです。油断があったのでしょう、ある日の披露宴でポカをやりました。例の通り四人を諳んじて紹介し、和やかに進んだ披露宴でしたが、何と御両家代表謝辞をスッ飛ばしてオヒラキにしてしまったのです。それまでの勢いからか出席者が疑問を持つ様子もなく、ゾロゾロとロビーへ退出していきます。その時です、支配人が血相変えて駆け込んできたのは。

「代表謝辞を忘れたろ。新郎のお父さんが困ってるぞ」

真っ青になりました。そうです、両家代表謝辞は基本的に新郎の父親が述べるのです。ロビーへ飛び出し、呼びかけました。

「集まってください。これより両家代表謝辞がございます」

何だ何だ。おお、そう言えばなかったなとお客さんが集まります。この時の支配人には恐れ入りましたね。小さな台を用意し、その上にお父さんを乗せ、ハンドスピーカーを手渡したのです。マイクとスピーカーが合体した例のあれです。

このロビーでの両家代表謝辞は異様に盛り上がりました。何しろ他の披露宴に出席した客まで拍手してくれたのですから。しかし、私は落ち込みました。支配人の機転がなかったらと思い、しばらく震えが止まらなかったのです。

支配人に大きな借りができました。何とか恩返しをと思うのですが、司会をきちんとやる他に何も浮かびません。

ある日、宴会チーフとの会話から、支配人が一人娘の受験を大変心配しているとの情報を得ました。しかし、結果が出るまで動けません。そしてある日、宴会チーフが、指で丸を作るという合図をくれたのです。

「お嬢さんの合格おめでとうございます。ささやかですがお祝いです。使ってください」

と小さな包みを渡しました。定期入れです。気が利いてて嵩張《かさば》らないもの。ちょっとだけ値の張るブランド品でした。

「娘が気に入ってね、毎日使ってるよ。ありがとう」

ああ、あのひと言を聞いた時の何と嬉しかったことでしょう。チャラにはなりませんが、少しだけ恩に報いることができたのです。記憶力をひけらかし、評判がいいのでつい調子にのり、失敗したという話ですが、今でもあの時のことを思うと汗ばみます。

カラオケの司会で食う

結婚披露宴の司会とともに重宝されたのがカラオケの司会です。前座の後半から二つ目にかけて一大ブームとなり、それは進化を遂げながら今に続いているわけです。

昭和四十年代後半から五十年代にかけてということになります。スナックなどに妙な機械が入ったなと思ったら、アッと言う間でしたね。その機械はまたたくうちに盛り場を席巻したのです。ギターやアコーディオンを持つ流しの人が激減しました。と同時に唄う人が増えました。大勢の人が聞く側から唄う側に回ったのです。

あちこちにカラオケ愛好家がいました。歌唱力もグングン上がり、さあそうなると、自分のレベルはどのくらいなのだろうということになるのは必然で、全国各地に歌唱力を競い合うカラオケ大会やカラオケコンクールが乱立するようになったのです。

夥《おびただ》しい出場者をさばく司会役が必要となります。そこへ使い勝手のいい二つ目がいたわけです。唄好きの私からしてもこれは渡りに船、婚礼の司会ほど緊張はしませんし、土、日、祝日などはもう嬉々としてこなしましたね。

唄には前奏、つまりイントロがあります。落語家であることをアピールしようと、そこにセリフを入れました。「唄は世に連れ、世は唄に連れ、隣のバアさん孫を連れ」などとやるわけです。これ客席は沸くのですが、出場者からは苦情が出ました。

「なんだか私の唄が笑われているようだ」

私はすぐにこれをやめ、控え室において聞き取り調査をしました。各出場者から好きな歌手や趣味を聞き、その情報をイントロに押し込んだのです。これは大好評でした。出場者は基本的に〝素人〟ですから、応援団以外の客からはどういう人か分かりません。イントロのわずかな時間が出場者のプロフィールとなるのです。

もちろん、イントロではメモも見ません。記憶した情報をニコニコと発表するのです。簡単です。前の人が唄っている間にメモを見て覚えればいいのですから。

「〇野〇子さんは美空ひばりの大ファンで趣味はフラダンス。お孫さんが二人いて、今日は応援に来ています。さ、それでは唄っていただきましょう。美空ひばりの『港町十三番地』、拍手でお迎えください」などとやればいいのです。二、三十人紹介しても疲れませんでした。入門当初、なかなか落語を覚えられなかった私が、ここまで成長したのです。

審査の集計の間、プロ歌手が来演し、アマとの差を見せつけることもありましたが、予算の都合でゲストなしということもあり、そんな時は唄いました。はい、私がです。

一生懸命に司会した褒美としてお客も許してくれたのです。大勢を前にし、三橋美智也や春日八郎の曲を唄う気持ちよさといったらありませんね。まあ、いい気なものだったのです。

カラオケも記憶力が勝負

当初、カラオケはテープでした。通称ハチトラと呼ばれる8《エイト》トラック、これがまた薄い弁当箱のような形をしてまして、それを機械にガチャンと押し込み、音を出していました。

歌詞カードはアルバム状で、客はそれを見ながら唄っていました。ところが、カラオケ上級者はアルバムを見て唄う客を一段下に見て、軽んじました。「唄は三分間のドラマというぐらいだ。それぐらいの歌詞は覚え、諳んじろよ」というわけです。つまり、ここに記憶力ゲームが展開されるに至ったのです。

上級者がたむろするスナックなどでは、うかつに歌詞カードを開けません。うっかりめくるとジロリと睨《にら》まれたりするのです。なるほど記憶力ごっこかと、私は喜んで参戦しました。元より唄好き、カラオケ大会の司会も盛んにこなし、資格ありということで名乗り出たのです。

バトルは凄絶《せいぜつ》です。互いに譲りません。酔うと記憶が混乱するので酒も控え目です。これではスナックに何しに来たのか分かりませんが、スナックは酒代よりカラオケ代を落とす場所に変容したのです。「若いのにやるね」などとおだてられ、私は熱中しました。これがきっと落語に生きると当時の私が思っていたかどうか定かではありませんが。

豪傑揃いでした。当時の大人は本当によく歌詞を諳んじていました。「そこは〝を〟でなく〝は〟だ」などとてにをはで揉《も》めることもあり、それを確認する時だけ歌詞カードを開いたくらいです。

近年、往時のカラオケファンは嘆くことしきりです。記憶力自慢の出番がないというのです。原因は、カラオケ機の進化にあります。テレビモニターが導入され、そこに歌詞が映し出されるようになったのが堕落の始まりでした。やがて、その歌詞に色がつき、今ここを唄ってますよとお節介にも教えるようになりました。

こうなると、もう進化はとどまるところを知りません。環境ビデオのような凝った映像となり、ピンク路線が流行《はや》ったかと思うと、ビデオに歌手本人が登場するようになりました。頼みもしないのに点数が表示され、キーも合わせてくれるという親切ぶりなのです。

唄の裾野《すその》は確かに広がりました。唄が苦手、つまり音痴な人でもそこそこに唄えるよう機械が助けてくれるのです。歌詞の漢字にフリガナがあることにも驚きます。いいことは二つありません。一長一短です。記憶力自慢も音痴も機械は同じ扱いをするのです。これでは、記憶力自慢の人の立つ瀬がありません。唯一の取り柄を否定されたも同然なのですから。

そんな進化したカラオケボックスで、モニターに背を向け唄う人を稀に見かけます。決まって中高年ですね。よく分かります、その気持ち。だから、私もあえてそこで唄わず、大声で落語のケイコをするのです。

パソコンより噺の暗記が大切

カラオケボックスで、モニターに背を向けて唄う中高年を若い人は笑うでしょうか。「何でそんなバカなことを、便利なものは使えばいいじゃん」と。しかし、後でも詳しく書きますが、アナログならではの素晴らしさもあるのです。

たとえば、今皆さん、友人知人の電話番号を何件言えますか。ほら、数件でストップしてしまうでしょう。すべてケータイに入っていて、ちょいと操作すれば出てくるからですよね。でも、それは記憶力の否定です。私も持っているので、ケータイをやめろとは言いませんが、不便と苦労こそが覚える力の源なのです。便利なケータイをどこかに落としてしまった時のあの不便さと言ったら……。

私は携帯電話を遅くに持ちました。本能的に嫌ったんですね、あの機械を。「ケータイを持つのは小物だよ。大物は持つ必要がないんだ。そんなことはみんな側近がやってくれるからね」などとうそぶき、まったく持つつもりがなかったのです。必要な電話番号はすべて頭の中に入っていましたしね。

ところがある日の午後、落雷で乗っている電車が停まったのです。車内放送も要領を得ず、いつ動き出すのかが分かりません。いったん駅のホームへ下りました。仕事先へ遅れる旨《むね》を連絡せねばと思ったからです。駆けずり回りましたね。公衆電話がないのです。

たった一台見つけたらそこには長蛇の列で、そのとき切実に思ったのでした。今ここにケータイがあったらなあと。つまり私の場合、非常時における仕事先への連絡用としてケータイを必要としたのです。公衆電話があちこちにあれば持ちません。ないんですねえ、これが。激減してるんです。思うにこれは、国民全員にケータイを持たせようという国策ですね。

ま、そんな経緯で持つに至ったのですが、驚きました。かかってきちゃうんです。こちらがかけると相手に着信履歴が残り、それでかかってくると後には理解しましたが、私はそれを知らず、何度も飛び上がりました。

電車内や人と会っている時にもかかってきます。「どうしたものか」と相談すると、「メールを覚えるといいですよ。いつでも好きな時に見られますから」との答えで、かかってくる不愉快さを解消するためにメールを始めました。

以来、なしくずしで使っています。確かに便利なんです。旅先からハガキなどを書く時の住所録や、計算機としての機能には重宝しますし、私は俳句をやるのですが、句会に欠席する折の投句にはメールが便利ですね。電話口でくどくど伝える必要がないのですから。

ヘビーユーザーではないものの、使っていながらこんなことを言うのも何ですが、電車内の光景は異常ですよね。本や新聞よりケータイを持っている人のほうがはるかに多いのですから。

落語はケータイの着信音で壊れます。ようやくお客の頭の中に江戸を現出させたのに、着信音一発で平成に引き戻してしまうからです。あの音は紛れもなく平成の音なのです。時代劇の役者も同じことを言ってました。

「三カ月もかけて練り上げたものを、音一つでブッ壊しやがって」

私はパソコンをやりません。ですから、この文章も手書きです。編集者には迷惑かもしれませんが、仕方ありません。これが私のやり方なのですから。ま、効率が悪いとの理由でいずれ切られるでしょうね。

それでも、パソコンを勧める人がいます。「情報が詰まってるよ」と。私は好意をありがたく思いながらも呟《つぶや》きます。

「それより、頭と体に落語が百席詰まってるほうが大事なんだよ」

テレコ出現でケイコ風景が激変

カラオケによって唄の世界が変わったように、落語のケイコにおいても大きな変化がありました。カセットテープレコーダーの出現です。それまで録音機と言えば、オープンリールで重く嵩張り、そのうえ高価で、とても前座に手の届くものではありませんでした。

そこへカセットテレコなのです。出現時はやや大きく高価でしたが、どんどん小型化され、しかも安くなり、若き落語家も奮発すれば入手可能となったのです。

ケイコをつける側の真打連もこの利便性を認め、それを前に置いてのケイコが許されるようになりました。世はスピード時代、効率が求められ、師匠連も忙しくなっていました。かつてのように一席仕上げるのに三日も四日も費《つい》やすわけにはいかず、そこへ文明の利器の登場ですから、両者にとって好都合でもあったのです。

何と言ってもテレコの最大の利点は、何度も繰り返し聞けることでした。あやふやな部分がこれで見事に解消され、セリフをほぼ完全にコピーすることが可能になったのです。

しかし、〝上《あ》げ〟（高座にかけてもよいと許しをもらう）のケイコには通わねばなりません。セリフは入っても、一度しかケイコをつけてもらってませんから、仕方（仕草）や目の動きを修正してもらう必要があるのです。

このケイコが定着すると、師匠の中には後輩が家に来るのを億劫《おっくう》がる人も現れました。ケイコを頼むと寄席に呼ばれ、「高座でやってやるから、テレコを袖に置いとけよ」などと言うのです。

不精なケイコがあったものですが、こういう変わったケイコは身に入ります。客が前にいる実戦ですし、その笑い声も録音されていて、笑いのツボがよく分かるのです。

そのころ、印象深いケイコがありました。今は亡き春風亭柳朝師匠（五代目　小朝さんの師匠）に『宿屋の仇討《あだうち》』のケイコを頼みました。すると師は「おめえで五人目だ。このところ忙しくてな、四人待たしてるんだ。他にもいるだろ、声をかけてみな。

まとめてケイコしてやるから。で、池袋演芸場へ集合だ」と言ったのです。

結果、開演前の池袋演芸場の客席に、何と二十数人の二つ目が集まりました。ポンポンと威勢のいい十八番《おはこ》でもある柳朝師の『宿屋の仇討』は、相当数の若手がケイコをつけてもらいたいネタだったのです。

高座の柳朝師の前に二十数個のテレコが並びました。確か録音できるウォークマンが出回っていたはずです。それがズラリですから柳朝師も目を丸くしました。「まるで記者会見だね」と柳朝師が言って皆が笑い、それからケイコが始まったのをつい昨日のことのように覚えています。

「あのケイコ、面白かったよな」「うん、行ってよかった」と、今でもそう言い合います。かくして、柳朝師の落語スピリットは二十数名に引き継がれたわけです。

書いた状況も含めて覚える

いつでも聞ける、繰り返し聞けるというのがカセットに吹き込まれた落語ですが、いつでも聞ける、繰り返し聞けるという安心感ゆえに集中力が散漫になるのは不思議です。

大いに利便性を享受しながらも、ないものねだりをするのもまた人間です。同期などの仲間にはつい本音をもらします。

「初期のケイコの全身を目と耳にするあの緊張感が懐かしいよな」

愚痴ではないのですが、人の不思議を語った時、同期がいいことを教えてくれました。「ノートに書き写すといいよ」

いわゆるテープ起こしというやつです。左手でテレコをカチャカチャ操作しながら、右手でセリフを大学ノートか何かに書き写すのです。

これ、スルスルと覚えられます。耳で聞き、それを文字にするということは目で確認するわけで、左右両手を使うことも手助けとなるのでしょう、驚くべき速さでセリフが身に入るのです。隠居、八公などと上に書き、それぞれのセリフはカギカッコ。ト書きとして戸を叩く、後ろを振り返るなどと芝居の台本のように入れると効果的で、たちまち絵まで浮かんでくるのです。

高座でふと詰まりました。すると、不思議なことに大学ノートが浮かんできたのです。書き損じがあったり、筆圧の強いところがあったりするといいですね。そこが浮かんでくるのです。

ノートを読みながらカップ麵を食べたことがあり、スープがノートに飛びはねました。すると、そのスープのシミが基点となり、思い出すべきセリフはシミの前か後かという思考が働き、「前だ、前へ一ページめくったところにそれがある」と脳が命じ、そのセリフがスラスラと出てきたのです。記憶の不思議を感じた面白い体験でした。

談志にケイコをつけてもらった折にも面白いことが起こりました。書斎でのケイコだったのですが、談志に電話がかかってきたのです。当然テレコを止めます。で、ケイコが再開されるとまた電話です。今度はテレコを止めませんでした。「悪かったな、どこまで喋った?」「これこれで」「よし、おい熊公……」と始まったのですが、電話はそのあと二回あり、その内容ごとテレコに録音されました。

人間の脳はどうなっているのでしょう、電話の内容ごと覚えてしまったのです。江戸時代が背景の古典落語と文明の利器の一つ電話。だいぶギャップがありますが、そんなことはなんのその、脳はそのとき起こったことを丸ごと覚えてしまったのです。

しかも、不思議なことに、電話の前後のセリフほど記憶は鮮明なのです。

その折のネタは当然持ちネタとなり、今でもときどき披露しますが、奇妙な現象が起こります。もちろんお客には分からないのですが、落語を披露している間、私の頭の中で三回電話のベルが鳴るのです。おかしくて吹き出しそうになります。

ハガキと一行日記の功

書くことでの効用と言えば、談志のことを思い出します。

談志は筆マメです。主にハガキでしょっちゅう書いてます。ご無沙汰している人、親しい人、世話になった人などに向けて筆を走らせるのです。

たとえば、地方の独演会に招かれたとします。打ち上げに参加し、宿に引き上げます。熱演し、そこにアルコールが入りますので、さすがにその晩は休みますが、帰りの機中や車中で筆を走らせます。

羽田空港や上野駅で、そのハガキがお付きの弟子に託されます。これ、先方は感激しますね。打ち上げの席でともに飲食し、翌日空港や駅で見送ったばかりの人から、すぐに便りが届くのですから。

売れっ子がごく普通にこれをやるのです。芸で呼んでもらう力があるのに、「ありがとう」「世話になった」「あれが旨かった」と伝えるのです。弟子はそもそも芸で太刀打ちできないのですから、呼んでもらうべくもっと努力しなければなりません。談志からのハガキを後生大事に持っている人を見るにつけ、そう思うのです。

ですから、談志の弟子は揃って筆マメです。「真似しろ」とか「見習え」と言われたことはないのですが、ごく自然にそうなったのです。ケータイ、パソコン全盛の時代です。何でもメールで処理する人もいますが、相手に負担のかからない肉筆のハガキのほうが相手に謝意が伝わるのではないでしょうか。そして、それは一枚五十円という安さなのです。

でも、見習いや前座の頃、「日記をつけろ」とはよく言われました。

「忙しいだろうから一行でもいい。毎日つけろ」

ほぼ命令でしたね。「つけてるか」とチェックが入るのです。私は書き出すと、起きてから寝るまですべてを書きたくなる性分で、とてもそんな時間はありません。

そこで工夫し、その日に食ったものを記すことにしました。三食を書くことに絞ったのです。「モーニングセット　Bランチ　野菜炒め定食」というふうに。今にして思えば、店名と値段を書き込まなかったのが残念です。店が現存するのか見に行くこともできますし、値段はちょっとした資料にもなるのです。何しろそれは約四十年前のことなのですから。

真打になったある日、見習いの頃の一行日記を眺めていて、ドキリとしました。ある日の日記に、「ヤキメシ」とだけ書いてあったのです。その日のことがありありと甦りました。

私は談志から小言を食いました。根本的なことで「甘い。そういうことではプロにはなれない。辞めちまえ」と言われたのです。前後のことがフラッシュバックのように映像として流れ、それを食ったのはアパート近くの信竜軒だと確信しました。白いレンゲまで甦り、途方にくれ、涙を流しながらヤキメシを口に運ぶ十八歳の私がそこにいました。ああ、よくぞ無事にここまで……。

一行日記でもそれくらいの効果はあるのです。お勧めする次第です。

唄を覚えるように覚えなさい

自ら探さない限り、二つ目に高座はないと前述しましたが、それでも落語家はケイコをします。ネタを増やしたいし、上手くなりたいからです。

〝三年先のケイコ〟という言葉があります。つまり将来に備え、今仕込むのです。「言い立ては若いうちに覚えちまいなよ」とも耳タコで言われました。

〝言い立て〟とはケンカの際の啖呵《たんか》や長い決まり文句のことで、『寿限無《じゅげむ》』がその典型です。ブームがあり、幼稚園児や小学校低学年の子が「寿限無寿限無、五劫《ごこう》の擦り切れず、海砂利水魚《かいじゃりすいぎょ》の……」とやっています。「ポンポコナーのポンポコピー」など、子供は音が面白くてたちまち覚えてしまうのですが、その親が覚えられないのですね。「うちの子は天才か」などと思うのは早計です。親であるあなたの記憶力が落ちているだけなのです。大人は意味から入るからいけません。唄を覚えるように覚えればいいのです。意味は長ずるにしたがって後からついてくるのです。子供の頃、歌詞でなくメロディーが気に入って歌謡曲を覚え、「まあマセた子だね」などと言われるのがそれで、まず覚える、記憶することが大事なのです。

『たらちね』の丁寧語、『蟇の油』の口上、『錦明竹《きんめいちく》』の上方言葉、『大工調べ』や『三方一両損《さんぼういちりょうぞん》』の小気味いい啖呵、それに下谷から麻布までの町名を並び立てる『黄金餅《こがねもち》』の道中《どうちゅう》づけもこれに入るでしょう。これらは誰に教わっても大体同じで、まず若いうちに覚え、それから改めて本筋のケイコをつけてもらえばいいのです。すでに難しい決まり文句をマスターしているのですから、そのほうが楽なのです。

十八番を習うには作戦を練れ

あの師匠のあのネタを我がものにしたいとは誰でも考えます。しかし、それは決まって十八番《おはこ》です。ケイコをと頼んでも「十年早いよ」ってなもんです。では諦《あきら》めるか。いや手はあるのです。搦《から》め手《て》で攻めると言いますか、外堀《そとぼり》を埋めると言いますか、とにかく作戦が大事です。

まず、その師匠のいる楽屋に顔を出します。目的は告げません。世間話とヨイショをし、引き上げます。再訪した時、別のネタのケイコを頼みます。小さなネタですが、その人のやるネタですから充分に面白いのです。更にもう一席小ネタを習います。勘のいい師匠はこの辺で気づき、粋な人は「で、目的のネタは？」などと言うはずです。そこですかさず斬《き》り込むのです。案外あっさりとOKが出たりします。教わる側が手順を踏んでいることと、自分もそうやって教わってきているのですから。そうでなければ工夫し、鍛えた十八番を簡単に教えてくれるはずがないのです。

ある噺の演出を大幅に変えたい場合、ケイコに行ってはいけません。ケイコをつけてもらってその通りにやらないのは失礼にあたるからです。コピーは一つの才能です。満足にコピーもできない人がアレンジできるはずもありません。また、ケイコをつけてくれる人の立場にも想いを致す必要があります。生涯飯の種となるネタをタダで提供しようとしてくれているわけで、内容を大幅に変えることはやはり裏切りなのです。

その場合、今までの蓄積と創意で対処します。技量がないと困難な作業で、それはベテラン真打だけに与えられた特権なのです。

蓄積した記憶はなくならない

前述した『よつばの会』ですが、二つ目になってしばらくしてから発展的解消をしました。マンネリに陥り、徒党を組む強さより馴れ合いの負の部分を多く感じ、ひとまず離れようとなったのです。「それぞれの仕事と向き合おう」などと、私は自分がきれい事を言ったのを覚えています。

結婚披露宴とカラオケの司会の仕事はコンスタントにあり、カラオケから派生した仕事に歌謡ショーの司会があります。イベントは一時間、そのうちの十五分はラジオのオンエアーがあり、ゲストはすべてプロ歌手、週に一度デパートの屋上でのその仕事に私は熱中しました。

憧れの歌手、マネージャー、そしてレコード会社の人々とのつきあいは実に楽しく、私の日常はまるで飛び跳ねるがごとくでした。その頃の私の頭の中に、果たして落語のことがあったかどうか……。

そして、不幸は突然にやってきます。一年後輩の春風亭小朝さんが真打になるというのです。私自身まだ真打は数年先だと思っていただけに、これは青天の霹靂《へきれき》でした。聞けば三十六人抜きの大抜擢《だいばってき》だというじゃありませんか。そして、私はその三十六人の中に入っているのです。

しまった、やられたと思っても後の祭りです。小朝さんは二つ目に昇進後、食うための仕事をしませんでした。師匠連、それも幹部と言われる人達にケイコを請い、唄や踊りまで熱心に習っていました。

落語界は低迷し、客の減少に歯止めがかからず、自《おの》ずとスター待望論が生まれました。そこに打ってつけの人材、小朝さんがいたのです。小朝さんは二つ目ながら独演会を催し、満員札止めの実績を重ねていました。そのゲストに出た談志が「小朝は上《う》手《め》えし華《はな》がある。しかも、観客動員力がある」と私に言い、ジロッと睨みました。

小朝さんが真打に昇進したその年、酒に逃げながらも私はNHK新人落語コンクールに出場しました。せめて一矢報いたかったのです。結果は優秀賞でした。最優秀賞でなければダメなんです。小朝旋風の前に優秀賞は埋没し、私は再び酒に戻りました。

因果ですねえ、いくら飲んでも肝臓が丈夫なのかなかなか酔えないのです。つまり、それはカネがかかるということです。その頃、不思議な経験をしました。一杯飲むと一杯分、これまで積み重ねてきた記憶が漏れてゆく感覚を味わったのです。生きているのが不思議なくらい飲みましたから、ダダ漏れです。水泡に帰すという言葉が頭の中を駆け巡ってましたねえ。

ところが、失《な》くしたのは飲んでる時の記憶だけで、蓄積した記憶は無事だったのです。現にこうして当時のことを思い出すことができるのですから。今にして思えば、小朝旋風、小朝ショックは一瞬のことで、それ故に蓄積した記憶は無事だったのです。何しろ長年にわたってコツコツと積み重ねてきましたから、ちょいと揺さぶったぐらいでは崩れなかったのです。

第四章　真打（ベテラン）は広い視野で物事を見なさい

立川流昇進には唄と踊りも必要

真打になりました。小朝さんに遅れること三年後のことです。少々変わった昇進でして、落語立川流真打第一号という肩書がつきました。そうです、我ら一門は落語協会を脱退し、立川流を旗揚げ、私はその最初の真打となったのです。

落語界には有名な〝昭和の二大脱退事件〟というのがありまして、一つが昭和五十三年の三遊派脱退事件で、これが後の円楽党となります。もう一つが五十八年の我が一門の脱退で、談志はこれを機に家元制度を導入。A、B、Cの三つのコースを設け、門戸を開放します。

Aは我ら生え抜きの弟子、Bは落語好きの作家や芸能人、Cは一般落語ファンというように分かれ、あれから四半世紀以上、Aコースは孫弟子を入れると五十人を超え、ABC打ち揃った新年会は百人をオーバーし、宴会場を借りるという規模に膨れ上がったのです。

脱退の経緯と顚末を書くと、それだけで一冊になってしまいますので省《はぶ》きますが、興味のある方は拙著『シャレのち曇り』（PHP文芸文庫）に詳しいので、よろしければそちらを御一読ください。

私の真打昇進の基準が曖昧《あいまい》だったことがキッカケの脱退騒動でしたから、談志は昇進に明確な基準を設けました。二つ目昇進には落語五十席と歌舞音曲《かぶおんぎょく》、真打になるには落語百席と歌舞音曲というものです。実にスッキリしています。つまり、それをクリアすれば二つ目に、真打に昇進できるのです。

まさに記憶力の勝負です。年功でも情実でもなく、五十席と百席、それに小唄や都々逸《どどいつ》、奴《やっこ》さんや深川をマスターすれば昇進できるのです。落語界初の画期的システムに若者も希望を見出したのでしょう、入門志願者が次々と現れました。そしてその中から志の輔、談春、志らく、談笑といった売れっ子が育っていくのです。立川流創立以降のすべての二つ目と真打が、この基準を満たしているのは言うまでもありません。

その気になれば、短期間で二つ目、真打に駆け上がれます。しかし、落語をマスターしても唄や踊りが今一つだったり、唄や踊りが達者でも落語の覚えが悪かったりということは往々にしてあることで、そして、それは一朝一夕に身につくはずもなく、優秀な者でもやはり真打までに十年はかかるのです。

歌舞音曲の必要性ですが、これはきっちりと落語に反映されます。登場人物が都々逸などを披露するシーンは多く、それらしい節を身につけることが必要とされるのです。

踊りをやっている人は歴然と分かりますね。所作《しょさ》が決まり、見た目がきれいで、落語に厚みが出てくるのです。でも、落語の登場人物が唄や踊りを披露するのは大概〝下手〟という設定です。失敗するのが前提で、ですからプロ並みに上手くなくてもよく、あくまでもそれらしく唄える踊れるということでいいのです。そして、習うことによってその世界を知るということが大切なのです。

仕事に幅を持たせる厚み

立川流の昇進システムは、皆さんの仕事への一助になるかもしれません。たとえば、一部の仕事に詳しい人と、様々なことを幅広く知っている人がいるとします。詳しい人はスペシャリストであり、この一件ならあいつだと指名され、それはそれで尊敬に値します。しかし、どうしても指名待ちになりがちですね。一方、知識の幅広い人は各方面から声がかかります。必然的に仕事も人脈も広がり、覚えられることが多くなるのです。

立川流でいうと、落語だけでなく唄も踊りもということで、それが芸の厚みにつながるのです。

この反面教師が、他の一門のある前座クンです。ケイコをつけ、「覚えた」というので〝上げ〟に来たのですが、その落語を聞いて驚きました。いわゆる〝八人芸《はちにんげい》〟と言われる演じ方なのです。

八人芸とは登場人物を描き分ける時、必要以上に声音《こわね》を変えることです。女や子供の声を高く張り、大家や隠居の声を喉《のど》を絞って低くするというようなことで、女を演じる際、何度も襟元《えりもと》に手をやったり、鬢《びん》を搔《か》き上げる仕草もそれに当たります。

当人は人物になりきっているつもりなのですが、それは表面的ななりきり方で、八人芸は客からすれば目ざわり耳ざわりでうるさく、落語家としてやってはならないことの一つなのです。

お客との信頼関係が大切です。女であること、隠居であることが伝わればいいのです。お客が了解したらそれでよしで、あとはもう普通に演じればいいのです。お客の信頼が得られるか否か、そこにかかってきます。前座や二つ目がお客に身を入れて聞いてもらえないのはそこに問題があるからで、また、一瞬のうちにお客との信頼関係を結ぶのは至難の業で、何度も何度も高座に上がり、ひどい目にあいながら体で覚えていくものなのです。

「あ、お侍さんだ」

「うむ、許せよ」

「いらっしゃいまし」

お店《たな》に奉公する小僧さんと客である武士の会話です。子供らしく無邪気に「あ、お侍さんだ」。武士はちょっと胸を張り、言葉少なに「うむ、許せよ」。小僧は一瞬のうちに商人のはしくれであることを思い出し、「いらっしゃいまし」。ここがお客に伝わるかどうかなんです。

これは感覚で分かります。伝わったと感じたらあとは楽です。「番頭さーん、お客様。お武家様です」「お待たせしました。手前、当家の番頭でございます。あの今日はどういう御用向きで？」「うむ、実はな……」と続ければよいのです。

しかし、技術が未熟で伝わってないと分かった瞬間、パニックになるんですね。で、つい八人芸に走るのです。小僧や武士の了見《りょうけん》になり、落ちついて演じればいいものを、表面的な声の高低で乗り切ろうとし、それで目ざわり耳ざわりなうるさい芸になってしまうのです。

前座クンは、アマチュア落語の経験がありました。八人芸でウケてきたのです。それでついということなのですが、プロはそんなあざとい演出はしません。淡々と語りつつ、お客の頭の中にシーンを現出させるのです。

現に上手い人の噺を聞くと、八っつぁんや熊さんの躍動する姿が浮かんできます。

大家や御隠居がいい味を出し、与太郎や小僧までもがバイプレーヤーとして機能するのです。ですからどこで演じても、高座に出て最初の一、二分、落語家はヘラヘラ笑顔を浮かべつつ緊張しているのです。

キャラクターと間取りまで考える

ケイコの折の質問はもちろん許されます。分からないところを解決するのはいいことだからです。質問しないと分かっているものだと判断され、後で往生します。後輩の質問に答えられないからです。噺の出どこ（出典）、それぞれの流派の演出法、決まった型や形などはやはり確認しておく必要があるのです。

二つ目になるかならないかの頃、ケイコをつけてもらいながら、質問を受けたことがあります。逆質問ですね。いや、あれは詰問でした。そう、詰問の嵐、談志が速射砲のように言ったのです。

「おまえが演る八五郎の年はいくつだ?」「二十四、五かと」「仕事は?」「大工です」

この辺まではよかったのですが、「身の丈《たけ》、身長は?」「太ってんのか痩《や》せてんのか？」「カミさんはいるのか一人者か？」「酒はどれくらい飲む？」「バクチは好きか？」「ケンカはどうだ？」「生まれはどこで親はどうしてる？」……。

私があまりに受け身で手応えがなかったための質問と思われますが、まったく答えられませんでした。でも、詰問は更に続いたのです。

「隠居の年はいくつだ？」「連れ合いの婆さんの歳は？」「いくつで隠居したんだ？」「それまでの仕事は何だったんだ？」「倅《せがれ》に家督を譲ったとして、その倅はどこで何をしてるんだ？」「倅はときどき来るのか？」「こっちから行くのか？」「孫はいるのか？」「で、八公はどのくらいの頻度で隠居を訪ねてくるんだ？」……。

グゥの音も出ませんでしたね。そこまで踏み込んで考えたことはなかったのですから。ダメ押しがありました。「そんなことでよく落語をやってるな」です。

以後、登場人物にキャラクターを与えることにしました。自分なりに年齢、仕事、気性、見てくれ、趣味等を考えたわけです。この人物にはあの映画のあのキャラクターを投影させようなどと。

「間取りが分かって演っているのか」との詰問も堪《こた》え、頭に思い描くことにしました。

隠居の家は八っつぁんの住む九尺二間《くしゃくにけん》の棟割長屋《むねわりながや》と違い、小さいながらも一軒家で、戸は引き戸です。これを開け、

「こんちは」

「おや八っつぁんじゃないか、まあお上がり」

入ったところが土間、三和土《たたき》で、上がり框《がまち》があって、すぐの部屋に御隠居。御隠居の前には長火鉢があり、五徳《ごとく》の上の鉄瓶からは湯気が上がっている。で、その辺に猫がいたりいなかったり。次の間は六畳で、床の間には御隠居自慢の掛け軸がかかっていて、これまた自慢の屏風がある。

「婆さん、八っつぁんが来たよ。お茶いれて」

御隠居の左後ろにお勝手があり、婆さんはそこにいる……。

これから二人のやりとりが始まり、間取りは直接お客に伝えるわけではありませんが、頭に思い描きながら演じると、まず演者自身が安心するのです。でも、客が安心するのは技術がまだ未熟のため、しばらく先のこととなります。まあ当時、少しだけ努力したということです。

真打からが本当のスタート

真打昇進披露興行は芸術座を借りました。落語協会から脱退したため、通常の寄席に出演しなくなったからです。これを成功裏に打ち上げ、残るは真打昇進披露パーティーです。

これにはありったけの智恵を絞りました。何と芝の増上寺を借り、生前葬という形でパーティーを催したのです。当時の私には葬儀関係のお客が多く、彼らの奔走《ほんそう》のお陰で実現したわけです。

受付には葬儀用テント、会場には白と黒の鯨幕《くじらまく》が張り巡らしてあり、数人の本物の僧侶が読経《どきょう》する中で献花が行われ、弔辞をいただき、献杯という段取りです。献杯と同時に音楽が鳴り、鯨幕が紅白の幕に変わります。これまでの自分は死んで、今ここに生まれ変わるという趣向で、一気に祝賀ムードとなりました。

香典と祝儀の両方をくださる粋なお客もいて、談志も珍しく「仕掛けた者だけに栄光があるんだ。褒めてやる」と言ってくれましたし、脱退騒動の余韻もあって、マスコミ数社からの取材を受けました。

私は夢中で会場を走り回り、来てくれたお客に頭を下げ、結果ヘトヘトとなり、その時の記憶は定かではないのですが、あれから四半世紀を超えた今、出席したお客は言ってくれます。

「いや、あのパーティーは面白かったねえ」

つまり、お客の記憶には鮮やかに残っているようなのです。

小朝さんに抜かれ、一門の弟弟子が先に真打になり、『よつばの会』の同期も私を追い抜いていきました。そこへ落語協会の真打昇進試験です。その基準なき試験に落とされ、談志激怒、一門緊急会議、脱退表明と続き、騒動となっていくのですが、いやこの数年間はいろんなことがたて続けに起こり、記憶は飛び飛びです。それもどうでもいいことが頭に残り、肝心なことがすっ飛んでいるという混乱した記憶なのです。

そんなバタバタも、パーティーが無事済んでホッとひと息です。私は脱退騒動の顛末を小説に仕立て、文芸誌に発表しました。幸いに評判がよく次作の注文を受け、本来なら意気揚々としているはずなのですが、妙なのです。パーティーが済んだ途端、ヘナヘナッとなってしまったのです。

小言を言ってくれる人が減ったことに気づいたからです。誰もが「おめでとう、師匠」などとおだて、一人前扱いをするのです。談志も「一国一城の主だ、しっかりやれ」と言いましたし、不思議なことですが、俄《にわか》に孤独感を味わったのです。

サラリーマンがヒラから係長に昇進します。早くそこに上がりたいと思っていたのに、その立場になった途端、責任の重さに震えていると言ったら感じが伝わるでしょうか。

到達したと思ったのは間違いでした。真打は長い落語家生活のスタート地点でしかなかったのです。まだ若く体力があるということだけが救いでした。

映画を圧縮して語る

何人かに先を越され、同世代の他業種の人に比べても世に出るのが遅れ気味です。それでも曲がりなりに真打にはなりました。

プロスポーツの場合、勝ち負けがハッキリし、すべてが数字で表されます。その点、落語家は気が楽です。「誰それは上手い、誰それは面白いね」と人が言っても、あくまでそれは主観的なもので、「なにオレのほうが上手い、オレのほうが面白い」と言い切ってしまえばいいのです。それでとりあえず落語家の面目は立つのです。

サラリーマンや公務員には定年がありますが、幸い落語家にはありません。長く生涯をかけての勝負です。長期戦に持ち込むことができるわけです。そう考えた時、グッと気分が軽くなりました。「真打にはなったんだ。焦らず、じっくりいけばいいんだ」と思えたのです。

ケイコをし、ネタを増やすのはもちろんですが、その落語の肥やしとなるのは何だろうと考え、まず好きな映画が浮かびました。これまでは漫然と観ていたのですが、帰りに酒場に立ち寄り、その映画を語ろうと思い立ったのです。人が我慢して聞いてくれる時間を二十分と設定しました。それはまた落語一席分でもあるのです。

映画館を出て電車に乗り、酒場に着くまでの小一時間が勝負です。あら筋、監督、主要キャストの紹介は欠かせません。山場《やまば》は熱を入れる必要があります。それより、どことどこをカットするかが問題です。何しろ二時間の映画を二十分に圧縮するのですから。

最初のうちは、迷惑がられましたねえ。とにかく相手は酒を飲んでいるのです。何人かで来ていて込み入った話をしてることもあります。では、店主に語ろうとすると、彼は仕事中なのです。そして、私の話もまた形になっていなかったのです。

そのうち興味を示す人が現れ、張り合いが出ました。質問が出ると嬉しかったですねえ。質問は欠けている部分の指摘だからです。やがてお店に顔を出すと、「今日は何を観てきたの?」ということになってきました。常連さんに定着したのです。

今でも時々やりますが、これは鍛えられましたねえ。ハリウッド映画は割と語りやすいのですが、ヨーロッパ映画の中世ものには四苦八苦しましたっけ。

落語にも生かしているつもりです。乱用はしませんが、ここで八五郎カットイン、熊五郎はフレームアウト、大家《おおや》が珍しく激怒しているのでここはクローズアップ、表に誰か来たところでカメラはパン……などと、頭の中ではやっているのです。

三十分の落語を二十分でという注文の時、大いに役立ちます。どことどこをカットすれば二十分になるか、おおよそ見当がつくようになったのです。

落語はオチのある時代小説である

書くことでは、私は最初、小説を書きました。談志の付き人時代、たくさんの作家に会ったことが影響しているのは間違いありません。

モノを書くということが少し知られ、やがてエッセイやコラムの仕事が舞い込むようになりました。紀行文を書いたこともあり、評判は芳《かんば》しくありませんでしたが、ルポに挑んだこともあります。

エッセイの中で読書好きを公言したお陰でしょう、書評の仕事もくるようになりました。これはいい仕事ですねえ、何しろ趣味と実益を兼ねているのですから。

しかし、大いに時間を食うという欠点も抱えています。まず読まないことには何も始まらないのです。読むだけだったらどんなにいいかと思うのですが、そこから書く作業が待っているのです。厄介《やっかい》にして楽しい。それが書評という仕事です。

本業の落語を除くと、酒と映画と読書。これが私の日常の三本柱です。この三つがなかったら生きる甲斐がないというくらいのもんです。一杯飲《や》りながら、映画や本について語る。そして語り合える友がいる。人生、これに勝る喜びはありませんね。

書評用の読書でもそれ以外の読書でも、自然と時代小説を選ぶ傾向にあります。やはり、私の体の真ん中に落語がデーンと居座っているからです。ですから、読んでいても落語に引き寄せ、あるいは対比させながらということになります。

江戸時代のものがいいですね。背景が落語と同じだからです。〝士農工商〟何と素晴らしい身分制度でしょう。身分差がある故に数々のドラマが生まれるのです。そこへいくと現代人は可哀相ですね。平等であると教え込まれ、矛盾に苦しんでいるのです。

昔の人は身分差に苦しまなかったそうです。それぞれの世界で分《ぶん》をわきまえて生きたといいます。職人や商人などの町民は普通、侍になりたいなどとは思わなかったのです。幕末になると、新選組隊士のような例外も現れますが。

身分差のある者、たとえば侍と町娘が恋をすると大変です。一緒になれませんから手に手を取って駆け落ち、あるいは心中です。それは時代小説、歌舞伎、落語の定番となっています。

時代小説からは当時の衣食住の細部を知ることができます。貨幣や時刻も参考になります。とにかく、落語はズボラで二百数十年の江戸時代をひとくくりにし、明暦何年何月などとは滅多に言わず、「エー昔、あるお侍が……」などと曖昧を旨としているのですから。

テレビの時代劇や時代劇映画は、それらを目で確認できます。本や映画から得た知識をあの落語のあの部分に放り込んでみようと考え、それを実践し、お客に喜んでもらった時の嬉しさはたとえようもありません。

「落語はオチのある時代小説である」

それが私の定義です。

上下を使って話をシャープに

映画を圧縮して語ることや書評から学んだのは、枝葉末節より本質をつかむことの重要性、そしてそれを短く、かいつまんで言うことです。

よくいますよね、ダラダラ喋る人が。話は長いのに何が言いたいのかさっぱり分からないんです。そんな時、落語の上下《かみしも》を使うのはいかがでしょう。芝居でいう割りゼリフ、小説なら地の文章でなく「　」の部分を使うのです。

課長が「～だ」って言うからさあ、オレは「～だと思う」って言ったんだよ。そうしたら課長が「～だ」と言うんで、だから、オレはさあ～という話の流れの、「　」の部分だけで話を進めるんです。ちょっとした演じ分けですが、確実に話は短くなり、当然相手に意味も伝わりやすくなるのです。当然相手にも、あなたの話を覚えてもらいやすくなります。

「訓練のないところに上達はない」と言います。さあ、チャレンジしてみましょう。

ワンランク上の店で知識を磨く

真打になって、ワンランク上の店を飲み歩きました。三十代の私が、四十代、五十代の客が主流の店に出かけるわけです。店の格式に合わせ、身なりはちゃんとします。高いんだろうななどと怯《ひる》んではいけません。長っ尻だからそうなるのであって、早く引き上げれば高くつくことはないのです。

何回か通ううちに、常連さんと軽い挨拶ぐらいは交わす間柄になります。そこでママやマスターが私を常連さんに紹介してくれます。ママやマスターには、前もって名乗りを上げているからです。

「ほう、落語家さん？　ではご一緒に」ということになります。遠慮なく甘え、無名だからといって卑屈になることもありません。彼らは真打という言葉に弱く、五人のうち一人でも知っててくれれば幸いで、その一人は「なんだキミ達、彼を知らないのか」などと言うものなのです。そうなると他の四人が、「どうもその方面には疎《うと》くて」などと言い、まあ我らは大いなる勘違いに支えられているわけです。

ごく普通に接します。決して出しゃばってはいけません。そのうち誰かが「まったく〝少年老い易く学成り難し〟だよなあ」と言ったとします。この時です、「〝一寸の光陰軽んずべからず〟と言いますからね」と続けるのは。言っていいのはここまでです。それから先は、求められてから言うべきなのです。

話題が『平家物語』に及び、「祇園精舎《ぎおんしょうじゃ》の鐘の声、諸行無常の響きあり」と誰かが朗唱したとします。そのあと続かなかった時に、「娑羅《しゃら》双樹の花の色、盛者《じょうしゃ》必衰のことわりをあらわす」と続けてよいのです。

新年早々のことでした。常連が〝春の七草〟を話題にしています。「せり、なずな、ごぎょう、はこべら、ほとけのざ、すずな、すずしろ」と並べ、拍手拍手です。しばしして、「秋の七草もあったな」と誰かが言い出し、いっせいに私を見ました。「えーと」と思い出すふりをし、「はぎ、おばな、くず、なでしこ、おみなえし、ふじばかま、ききょう」と披露しました。「さすが」と言われ、拍手をもらったのですが、仲間として認められた一瞬でしたね。知識をひけらかして相手の顔を潰さず、求めに応じて披露する姿勢が評価されたのです。

求められた時はありったけの知識を披露しました。すると、いつしか私は物知りだということになりました。あわてて断っておきますが、私は物を知りません。ただ知っていることを惜しみなく喋っただけなのです。

あとは聞き役に徹しました。年上の彼らは得てして教えたがりなのです。私からしても企業の成り立ちや商社の海外プロジェクトの話は大いに勉強になったのです。

そんな彼らが会社内でや、あるいは紹介といった形で、いくつもの落語会を催してくれました。会場内でニコニコしていた彼らの顔が忘れられません。月日の経つのは早いものです。そんな彼らもとっくにリタイアし、そろそろ鬼籍に入る年齢に差しかかっているのです。

とにかくその世界に身を浸せ

師匠が弟子に「掃除をしなさい」と言ったんです。すると弟子は「ダスキンはどこでしょう」と聞き返したそうです。

またある師匠は、弟子にホウキとハタキを持たせ、掃除を命じました。すると弟子はホウキとハタキを眺め、途方に暮れたそうです。つまり、その二つを使っての掃除をしたことがないんですね。師匠は突き放し、黙って見てたそうです。すると、弟子は案の定、座敷を掃いてからハタキをかけたとか。

別の師匠は弟子に座敷を雑巾《ぞうきん》で拭くよう命じました。「雑巾を固く絞れよ」と言い、弟子は妙な顔はしたものの、これは何とかこなしたそうです。問題は次の助言です。「いいか、畳は目なりに拭くんだぞ」と言ったのですが弟子はキョトン、で、質問を発したそうです。

「あの、目なりってどういう意味でしょう?」

師匠はあきれつつも「キミ、畳を拭いたことないのかい?」と聞きました。その答えがいいんですすねえ。彼は、

「はい、僕んちは全部フローリングですから」

これには師匠、二の句が継げなかったそうです。

この子が果たして落語家としてやっていけるのだろうかと心配になった師匠は、質問魔と化しました。すると、驚くべき事実が判明しました。この新人クンの頭の中には三畳、四畳半、六畳、八畳といった畳の概念がなかったのです。

彼はメートル法で生きていました。さあ大変、江戸発祥の落語は尺貫法なのです。

「四畳半と六畳なんですが、三坪《みつぼ》の庭がついてます」「身の丈は六尺余り、目方《めかた》は三十貫は超えようという大男で」「間口が六間半《ろっけんはん》、蔵が三戸前《みとまえ》もあろうという大店《おおだな》」などなど、数量の表現はすべて尺貫法なのです。

私は大工の息子として生まれ、父を始めとする職人達の会話はほとんど尺貫法でし

たからすんなり落語の世界に入れました。のみならず、私が子供時代を過ごした昭和三十年代、周辺の大人はごく普通に尺貫法を使って話をしてましたね。まさに環境に感謝ですが、それが身に入ったというのか、七十平米のマンションと言われてもピンときません。二十一坪ちょいのほうが実感できるのです。

前述の前座クンはどこまでいっても七十平米です。二十一坪ちょいと言われても広さが実感できないのです。いかに洋風の環境に育ったとはいえ、これは落語家として由々《ゆゆ》しき事態です。いくら尺貫法を口にしても、長さ、広さ、重さを体で実感してないと、その落語はウソになるのです。

その師匠は、蔵書から大量の山本周五郎、池波正太郎、藤沢周平の本を抜き出し、「読め」と命じたそうです。当然付け加えたわけです、「時代劇を見ろ」と。今、その前座クンは二つ目として頑張っています。ま、理解するために、頭の中では尺貫法からメートル法への置き換えを盛んに行っているのでしょうけど。

一般的にも新人さんはこの前座クンと同じなんでしょうねえ。小手先ではダメなんです。とにかくその世界に入り込み、体に染み込ませることが大事なんです。相撲を取ったことがない人が親方になれないのと同じように、江戸、明治を知らないと落語が体に入ってこないのです。

しかし、江戸、明治に行くことはできません。でも、図書館があり、夥しい数の映像資料があります。着物で暮らしてみるというのも一つの方法でしょう。要は想像力と実践が大切なのです。

ケイコをつけることで学ぶ

真打になると、弟子を持つことができます。育ててもらった恩返しと後進育成の義務からそうするのですが、真打となった二年後に一人の青年がやってきました。

大人しく弱々しく、やや適性に欠けると見ました。それに当時は自分のことで手一杯で、とても面倒見られないという判断から、お引き取り願いました。今はそれを後悔しています。どうにもならないと思えた前座が楽屋で鍛えられるうちに逞《たくま》しくなり、一人前の落語家に育つ例を少なからず目撃したからです。あの時の青年よ、許せ。

真打になると、前座や二つ目がケイコにやってきます。自分もケイコをつけてもらったわけですから、これは断れません。何とか時間をやりくりし、対応します。教えることは学ぶことだというのは本当ですね。ケイコをつけているうちに自分の欠点が分かったりするのです。ちゃんと伝わるよう、丁寧に喋るとこれまでいい加減に処理していた部分が見えてくるのです。質問も刺激的です。当然彼らは分からないから質問を発するのですが、それはやはり私がいい加減に処理していた部分だったりするのです。

何人かにケイコをつけて他にも分かったことがあります。我々がそうだったように、やはり物覚えの良し悪しがあるのです。すぐに「聞いてください」と〝上げ〟に来る前座クンもいれば、ひと月経っても現れず、こっちが業《ごう》を煮やして「早くおいでよ、上げてやるから」と声をかけても、「いや、まだ、あの、少し曖昧なところが……」と逃げ回る二つ目クンがいて面白いのです。

「でもまあ、なかなか覚えられないのはいったん覚えるとなかなか忘れないと言うからなあ」と判断すると、果たして二つ目クンは、苦労して覚えた噺をたちまちのうちに忘れてしまったりするのです。やあ、歴史は繰り返すだなあと苦笑しますね。

ケイコの折、テレコを置くのは今や常識ですが、ビデオ機器を出し、「録画してもよろしいでしょうか」と尋ねた二つ目クンがいました。これは断りましたね。何かが違うと思ったのです。目の配り方や所作をより完璧に修得しようとのことでしょうが、それをやると口移し、口伝《くでん》のよさが損なわれる気がしたのです。咄嗟《とっさ》の判断でしたが、今でもそれでよかったと思っています。

「いくらで教えるんですか」などと聞かれることもありますが、ケイコはタダです。生涯使えるネタをタダで教わり、タダで教えるのです。場合によっては「飯を食ってけ、一杯飲んでけ」となり、真打は赤字で、自分のネタが広まっていくことだけを喜びとします。そうして落語界は回っているのです。

御礼は御歳暮のみ、その師匠好みのもの、つまりいいものを少し、三千円までとします。あまり高価なものは他の意味を持ってしまいますから、それでいいのです。

講釈師は大学ノートで覚える

落語と似た芸能に〝講談〟があります。で、その芸能者を講釈師と呼ぶわけですが、

「講釈師、見てきたようなウソをつき」の、あの講釈師ですね。

一人芸であることが落語と共通してますが、違いもいくつかあります。まず、前に釈台という小机を置くことです。「講談を読む」という言葉があり、かつては長い戦記物などを台に置いた名残《なごり》だそうです。それともう一つ、彼らは張り扇《はおうぎ》というものを使います。「パンパパンパンパン」と打って調子を取ることもあれば、「パン」と一つ打って場面転換に使ったりするわけです。

落語との最も大きな違いは、語り口にあります。小説に例えますと、講談は情景描写などの地の文章を重んじる芸なんですね。一方の落語は「　」の部分、つまり、セリフ、登場人物の会話を中心に噺が前へ進むのです。

講談にはとりすました印象があります。背すじを伸ばし、胸を張り、堂々と演じます。一方の落語はくだけてます。前のめりで、何やら揉み手をしている印象があります。ですから落語家が真打になると〝師匠〟とやわらかく呼ばれるのに対し、彼らは〝先生〟といかめしく呼ばれるのです。そうです、講釈師は威張ってるんです。

勉強会をともにした仲間も何人かいますので、彼らのケイコ、記憶術について聞いてみました。彼らは年号や夥《おびただ》しい人名をどうやって覚えるのかと。対面することと録音OKまでは同じでした。大きな違いは、彼らがメモを取るのを許されることでした。大いに納得しましたですねえ。前述のごとく、数字と固有名詞のオンパレードなのですから。一人の戦国武将の出で立ちにしても、その描写は微に入り細を穿《うが》つのです。録音はあくまでも補助で、必死にメモを取るそうです。いいですねえ、正々堂々と大学ノートかなんかにペンを走らせるのです。分かっているところは「――」などとし、やはり年号や人名を重点的に記すそうです。

このことから、ポイントを絞ることが覚えるためには必要なんだなと感じました。忘れてはいけないところ、忘れそうなところをいかに見分けるか。講釈師にとっては、それが年号であり、人名なのです。ポイント・肝を意識することが大切なんですね。共通の速記術はなく、それぞれの書きなぐりで、ノートを他人が見ても分からないそうです。「ときどき自分でも分からなくなる」とも言ってましたっけ。大変だなあ、講釈師にならなくてよかったと思いましたねえ。

で、このメモを取る作業を〝てんとり〟と言うんだそうです。「どんな字？」と聞いたら、「さあ」との答え、想像するに点取り、天取り、典取りといったところでしょうか。

ある講釈師が滔々《とうとう》と語る〝先生〟を前に、夢中になって〝てんとり〟をしてたそうです。途中、しっかりてんとりができるようになり、あれ、今日は楽だなあと思い、目を上げたら、〝先生〟は釈台にもたれ、寝てたそうです。はい、前夜飲み過ぎて、凄絶な宿酔《ふつかよい》でケイコをつけていたんです。で、限界に達したと……。

隠居や大家は〝体ができて〟こそ

前座や二つ目の頃は、八っつぁん、熊さんがそこそこ演じられても、御隠居さんや大家さんを上手く演じることができません。技術が至らぬことと実年齢が伴わないからです。

ところが、どうでしょう。真打になり、年を重ねると、両者が見事に噛《か》み合い、不自然さが消えるのです。これを〝体ができてくる〟と落語界では言います。つまり、御隠居や大家は体ができてこそ演じられるものなんですね。

若い頃は、何とか隠居や大家の人物像に説得力をとずいぶん無駄な力を使いました。隠居や大家はそれなりにやり、その分、八っつぁんや熊さんに力を注げばよかったのに。ところが、それが分からずリキむんですよね。

でも、それはまったくの無駄ではないのです。やがて体がそこに追いつくのですから。八っつぁんや熊さんを経験から演じ、隠居や大家を実年齢で演じる。こんな安定はありません。そうなると客も安心し、容易に噺の世界に入ってきてくれるのです。

歳を重ねると、あらゆる人物の描き分けが可能になります。金ちゃんや亀ちゃんという子供から、八っつぁん熊さんという若者、棟梁の政五郎、左官の長兵衛親方、果ては大店の主人、近江屋善兵衛まで描き分けられるのです。

女性も同様です。町娘のおみよちゃん、おさきさんにおよしさんという長屋のカミさん、糊屋《のりや》の婆さん、そして、武家の奥方までなんでもござれなのです。犬や猫、狐《きつね》や狸《たぬき》もその範疇《はんちゅう》に入ります。落語は何でも擬人化し、喋らせるのです。はい、太陽や月だって口をきくのですから。

プロスポーツの世界では若いうちが花で、引退後に長い生活があります。なまじチヤホヤされたせいでしょうか、中高年になって苦労する人もあるようですが、落語の世界はまるで違います。歳を取ってこそ華なのです。〝体ができる〟ことの何と素晴らしいことでしょう。

大アマゾンで談志のダメ出し

落語家にも海外公演があると言うと、驚く人がいます。しかし、日本人は世界各国で活躍していて、そういう人たちが落語を「聞きたい」と願うのはごく自然なことなのです。

今何かと取り沙汰されている日本航空の〝日航寄席〟では、ずいぶんいろんな国を回りました。談志のお供が多く、また談志は発展途上国が好きで、そうであればこその面白い体験を数々しました。インド、ケニア、ナイジェリアと行き、ブラジル公演が実現しました。

サンパウロ、ベレンで開催され、アマゾン川中流のマナウスでの公演が追加されました。会場は超満員。聞けば片道数百キロを二日がかりで駆けつけた人もいるとか。

しかし、日系一世は老いて日本語を忘れかけ、二世は片言で、三世に至ってはほとんど理解せず、頼りは出張で来ているわずかな企業人や商社マンという客層なのでした。不思議ですね、それでも、ドカンドカンとウケるのです。我らがマナウスにやって来た落語家第一号で、これを聞き逃すと次に聞けるのはさて何年後か。そういう熱気で、彼らは分からなくても笑ってくれるんです。

終演後、楽屋を訪ねてきた老人がいました。四国出身のおじいさんで、着物に触らせてくれと言うのです。着物を撫《な》で、袴に触り、望郷の念でしょう、涙をこぼしてましたね。マナウスはそういう土地だったのです。

私にとっての衝撃は開演中にありました。私が一席務め、談志と交替する時のことです。「お先にありがとうございました」と言うと、舞台袖で腕組みをしていた談志がこう言ったのです。

「客はまた同じヤツが出てきたと思うだろうな」

一瞬意味が分かりませんでした。談志が高座に出て拍手に迎えられた時、理解しました。

「おまえの落語はオレの落語に似過ぎている」

談志は私にそう言ったのです。

マナウスに渡る前の一世が日本にいた時、どのくらい落語に接したのでしょうか。二世三世はもちろんこちらの生まれです。つまり、彼らは今喜んでいるものの、落語と落語家に対する知識がないに等しいのです。そこへ着物を着た男が二人登場する。歳と見てくれは違うものの背格好は同じで、その語り口調はほとんどソックリ、で、「また同じヤツが出てきたと思うだろうな」となるのです。これは私の僻《ひが》みではないと思います。談志は「オレの前に出るおまえは邪魔だ」と言ったのです。

コピーすること、似せることを大命題とし、これまでやってきました。「似てるね」と言われると嬉しかったものです。真打になった直後、そこを否定されました。それも大アマゾンの中流でです。コピーはコピーです。どうしたって本物を凌《しの》げません。私はオリジナルを作ることを迫られたのです。いや、まさしくあの時がターニングポイントでしたね。

自分の評価は他人が決める

師匠に似ていることは、前座、二つ目時代なら許されます。ところが、真打になるとやや否定されます。何よりその芸に惚れていて、弟子が師匠に似てしまうのは必然ですから、はっきりダメとは言わず、「ちょっと血が濃いね」という言い方に変わるのです。

〝血が濃い〟、実に的を射た言い方です。そそっかしい人は肯定と受け取りかねません。しかし、たとえば世間では、血の濃い者同士の結婚は歓迎されませんよね。ですから、〝やや否定〟というニュアンスになるのです。

さあ、オリジナルを作らねばなりません。会社員で言うと、先輩の仕事のやり方を踏襲し、そこそこの成績を上げた。そして今、〝長〟のつく立場となった。さて、このままでいいのかという問題です。

これまで広く浅くネタを仕込んできました。お陰でネタ数は増えたのですが、自分はどんなネタを得意とし、どんなネタを不得手《ふえて》とするのか。どんな方向を目指したらいいのか……。これが分からないんです。

好んでよく演るのですが、そんなに評判のよくないネタがあります。仕方なく演ったのに、大いに喜ばれるネタもあります。どうだ、いい出来だろと思っていると、「どうしたの今日、体調悪いの？」などと言われることがあり、ひどい出来だ、誰もそこに触れてくれるなよと伏し目がちにしていると、握手を求められ絶賛されたりもします。

主観と客観の違いと言ったらいいんでしょうか。この不思議については、落語家同士よく意見が合うのですが、師匠から離れオリジナルを作るという問題はそれぞれが抱え、自分で追い求めていくしかないのです。

私の場合、真打昇進直後に小規模ながら独演会を始めました。当初は毎月、現在は隔月のペースで、これまでに約百七十回催しました。畳敷きの会場でキャパは百がいいところですが、いくら延長してもいいという好条件です。これ、終演後の打ち上げをこの会場でやっていいということです。

「時間のある人に残ってもらって、一杯飲りながらいろいろ意見を聞こう」

私はそう考えました。人は世辞《せじ》を言います。なかなか本音を言いません。ましてや苦言を呈するなどということは滅多にしないわけで。

しかし、そんな人達も何回か言葉を交わし、ともに酒を飲み馴染んでくると、ようやくにして口を開きます。私の落語の気になるところ、こうすればいいんじゃないか、こんなネタを聞いてみたい等々、意見が集まり出したのです。

談志が七十歳を過ぎた頃、こう言ったことがあります。

「この年になると、もうオレには相談相手がいない。もちろん小言を言ってくれる人も」

ああ、そういうものかと思い、私がこれまで繰り返してきたことはよかったのだと確信が持てました。少なくとも、私は私の落語に関し、ストレートにものを言ってくれる人を何人も獲得したのですから。

色の出し方を編集者から学ぶ

〝談志の呪縛〟、大袈裟に言うとそういうことになりますね。その〝洗脳〟からどうやって抜け出したかという話です。

なかなか抜け出せるものではありませんでした。他の師匠にケイコをつけてもらったネタでも「似てるね」と言われるのです。「へえ、談志師匠がそんなネタ持ってた？ケイコに行こうかな」などと言い出す人もいて、あわてて止めたものです。

他の師匠にケイコをつけてもらいながら、私はいつしか談志の口調を借りて演じていました。それで似ているということになったのです。そこで、ケイコの際、その師匠をそっくりコピーすることにしました。そうすれば、談志の色が出てこないと考えたのです。

でも、すぐに「ではなぜ談志の弟子になったのか」との疑問が湧き上がりました。そうです、私は談志の弟子なのです。そこから抜け出るため、オリジナリティーを出すため、色々あがきました。なかなかヒントすら得られず、これは一種の宗教だなと思ったこともあります。そんな中、この手法は使えるかもと思ったことがありました。

私は小説修業を始めていて、そちらのほうでは新人でした。で、原稿が編集者から戻ってくるわけです。驚きました。どこもかしこも真っ赤なんです。まず、ここはいらないという箇所が指摘され、何ページにもわたってバッテンがつけられていました。

わずか数行のところに印があり、「ここを大きく膨《ふく》らませる」としてあり、二章と四章の入れ換えなどという大胆な提言があったりもしました。

文章はズタズタです。手足がもがれたようであり、もはや原形をとどめないのです。でも、不思議です。指摘（命令？）どおり書き直すと、驚くほどよくなるのです。この手法、つまり編集を落語にと考えたのです。

持ちネタのテープ起こしが始まりました。気の遠くなるような作業で肩はカチンカチンです。で、ノートを眺めました。すると、見えてくるものがあるんですね。勢いで喋っている部分の矛盾などが文字にすると分かるのです。あとは編集者になった気分です。カットすべきをカットし、ある部分を膨らませ、入れ換えも行ったのです。そして、それを自分の言葉で整理しました。

マクラも自分で考えるようにしました。今まで労を惜しんでいた調べものをするようになったのです。そうして披露してみますと、談志の口調はまだ若干残るものの、「新解釈だね。いいと思うよ」「そうだよね、あの船頭が主役だよね」などという声が客の間から聞こえるようになったのです。こうして私はスピリットはそのままに、徐々に談志色から離れていくのです。

今でも時々は「今日の噺には談志師匠を感じたよ」などと言われることがありますが、もうムッとしたりすることはありません。素直に「はい、弟子ですから」と言えるのです。

過去のアルバムを活用する

皆さん、アルバムをお持ちでしょうか。古い写真などが貼ってあるあのアルバムです。デジタル時代ですから、「それはみんなパソコンの中」と言う人もいるでしょうが、形はどうあれ、過去の写真を振り返ってみるというのはどうでしょう。

中から自分らしいと思えるものを抜き出し、眺めてみてください。自分の立ち位置が分かるはずです。前に出てVサインをするタイプなのか、人に隠れるようにして写っているタイプなのかが見えてきます。オリジナリティーを出せないで悩む人は多いと思いますが、上に挙げたどちらのタイプであったとしても、それは立派な個性です。それぞれに積極的、奥ゆかしいという評価が与えられるのです。

このままでいいんだと思う人、自分を変えたいと決心する人と様々でしょうが、行き詰まったり、新たなチャレンジをしようという際には、ぜひ一度自分の古い写真を眺めてください。

落語家から出て広まった言葉

ここで、落語家から出て世間に広まった言葉を紹介しましょう。どうぞコーヒーブレイクのつもりでおつきあいください。

まず何と言っても代表的なのは、〝マジ〟と〝シャレ〟ですね。これ、小学生でも使ってますもんね。「それマジかよ」「いやシャレ、シャレ」などと。電車の中の小学生が「先生がこう言うんだぜ、シャレんなんねえよな」と言った時にはさすがに驚きました。いや、使い方まで落語家と同じなんです。

〝クサイ〟、これはどうでしょう。近年、この言葉も浸透度が増しているように思えるのですが。これも中学生ぐらいの男子が使ってましたね。一人が大袈裟なことを言ったんです。するともう一人が「クサイこと言うなよ」と返したわけで、的確に意味を捉えていると感心しましたっけ。

〝クサイ〟という言葉は、かつて落語家がドサ回り、つまり地方巡業に出て、東京に戻ってきた時に言われた言葉です。落語をよく知らない客を相手にしてきたため、表現や仕草が過剰になっていて、江戸前の芸ではないという意味です。

ケイコをすることを東京の落語家は〝ネタをさらう〟と言いますが、関西の落語家は〝ネタクリ〟と言います。やることは同じでも表現が違うんですね。ネタクリは、ネタ繰《く》り、ネタを繰るからきていると思われます。

落語家から出た言葉で、これまた相当の浸透度を誇るのは〝前座〟と〝真打〟です。ここに〝二つ目〟が入っていないのは誠に残念で、落語家にとってのこの時期はとても大切なのですが、世間はこれを認知しません。「そこの三枚目さん」などと言うのです。ま、意味的にはそんなに間違ってませんが。

前座と真打は、だいたい夜使われます。カラオケの置いてある店などではなかなかの頻度です。サラリーマンですかね、主に使うのは。如才ないタイプのヒラ社員がマイクを持ち、言うんです。

「では、まず私が前座を務めましょう。で、真打《とり》は課長お願いします。そこでグッと盛り上げていただきまして、さあお待ちかね、大真打《おおとり》は部長、ぜひ部長にお願いしたいと思います。ではでは前座から……」

よく見る光景です。でも間違っていることが一つあります。前座の使い方も真打を「トリ」と言うことも間違いないのですが、実は〝オオトリ〟という言い方は落語界にはないのです。〝大看板《おおかんばん》〟という言い方はあるのですが。

これは、紅白歌合戦の影響でしょうね。紅組が先攻なら最後に唄う歌手をトリと言い、でも、まだ白組に一人残っており、その人を立てるためにオオトリという言葉が捻《ひね》り出されたのです。

落語家から出た言葉を頻繁に聞くのは嬉しいものです。出どこが分からずに使ってくれているというのがまたいいですね。仲間とマジとかシャレとかやってたら、中学生にジロッと見られたことがあります。その表情には「流行に遅れまいとする軽い大人め」という色がありましたっけ。

第五章　もの覚えVSもの忘れ

芝居から学んだ知識の使い方

落語は一人芸です。相手役はいません。舞台装置すらなく、何もかも一人で処理する芸です。そこで、弟弟子の立川志らくが、劇団『下町ダニーローズ』を立ち上げたのを機に、役者として参加してみました。相手役がいて、しかも、動きがあるものを体験してみたかったのです。

顔合わせ、本読みはどうってことありませんでしたが、立ちゲイコに至って愕然としました。立った演技がまるでできないのです。じっとしていることができず、けれど、歩くことも困難なのです。どこを向いていいのかさえ分からず、指示されて立っても棒立ちで、何だか自分がでくの坊に思えて情けなかったですねえ。

正座のまま、落語家は表現します。立ち上がる動作、階段を上り下りする動作、歩いたり走ったり、格闘すら表現しますが、実際には落語家は正座しているのです。

しかし、芝居は違います。本当に歩き、走り、舞台上を移動するのです。まず、その違いに戸惑いました。

次にセリフです。ちょこっと出た映画やテレビドラマとはまるで違いました。そのシーンのみ覚えりゃいいというものではなく、共演者全員のセリフ、つまり台本まるごと一冊覚えるのです。

記憶、覚えるのはお手のものですが、困ったことが起きました。誰かがセリフを言っている時、どうしていいか分からないのです。前へ出てのセリフの応酬などという時には混乱の極みです。相手役がセリフを言っている時のリアクションに窮し、体が固まり、自分のセリフのきっかけを忘れたりするのです。

セリフを覚えただけでは、芝居は成立しないということを思い知らされました。そう、相手との絡みがあってこその芝居なのです。日常生活においてもそうです。知識をひけらかしても、相手に伝わらなかったら単なる知ったかぶりです。得た知識を、誰に、いつ、どう、使うのかが大切なのです。相手側に立つ、つまり、共演者とともにあるのだということを芝居から学びましたねえ。

そんなふうに迷惑をかけながら、胸のうちでは相手役に「いつまで喋ってんだよ」などと思っているのですから、改めて落語家の一人芸を思わざるを得ません。ケイコを重ね、何とか動けるようになり、役柄を自分なりに理解し、いざ初日、中日、そして千秋楽《せんしゅうらく》。ここでかつて味わったことのない経験をしたのです。千秋楽のカーテンコールの際、「ああ、もう終わってしまうのか」と、不覚にも涙がにじんだのです。

打ち上げは異様に盛り上がりました。共演者やスタッフと握手をし、肩を組み、抱擁を交わし、別れがたくなったのです。落語会ではあり得ないことです。初めて私は共に作り上げる喜びを知ったわけで、芝居は共同作業であると実感したのです。以来、数公演に参加し、そこで得た演劇的手法のいくつかを落語に取り入れました。客にそれと分かる表現ではなく、私のちょっとした思い入れという形ですが。

劇団『下町ダニーローズ』はその後大きく成長し、今や紀伊國屋ホールを満員にするに至りました。

人の脳の容量は決まっている

毎年何席か新ネタを仕込みます。まだまだ我が物としたい落語はいくつもあるのです。隔月の独演会も百七十回を数え、そこでは必ず二席披露しますから、単純計算で約三百四十席仕込んだことになります。

「へえ、持ちネタが三百四十席もあるんですか」と驚き、尊敬してしまうのは早計です。重複しているネタがあるのです。

たとえば暮れの会などは、「やっぱり『芝浜《しばはま》』を聞かないと年が明けないだろ」と言うお客さんがいて、一方にまた、「私は何と言っても『文七元結《ぶんしちもっとい》』を聞きたいわ」と言うお客さんがいて、私がやはり暮れの噺『富久《とみきゅう》』を演りたいと思っていても、それを引っ込めることになるのです。

『富久』にやや未練は残るものの、すぐに頭を切り換えます。それは別の場所でやればいいのだと。独演会はネタを増やし、磨く場ですが、まずお客に喜んでいただく場でもあるのです。お客にしても、ケイコに毛の生えたようなネタばかり聞かされたのではたまりませんからね。

リクエストに応えるため、ネタが重複することもあるという独演会ですが、それでも二百数十席は仕込んだはずです。でも仔細《しさい》にネタを点検すると、そんなにないんです。二百席に欠けてしまうんですねえ。はい、どこへやらこぼれ落ちてしまうネタがあるんです。

一回披露しただけで〝お蔵《くら》〟にしてしまった噺、これが存外多いことに気がつきました。なぜそういうことが起こるかというと、第一に私が嫌いな噺というものがあります。やるべきと思いチャレンジしたものの、やっぱり嫌いだというネタです。それから、テーマが時代と合わないというネタです。工夫、アレンジが利かないネタがあるんです。こういう噺は総じてウケません。当然こぼれるわけです。そして〝ニンに合わない〟噺も落ちてゆきます。ニンは人、あるいは任で、似合わない意の落語界の言葉です。たとえば、痩せぎすの落語家が相撲取りが主人公の噺をしても説得力がないのです。

概ねそんな理由からこぼれ落ちるのですが、いったんお蔵にしたネタを十年後にひょいと演ってみて、ピタリとハマるということがあるから面白いものです。これは時流が変わったわけではありません。前述しましたが〝体ができた〟ためです。十年間の経験が体を作り、体がネタに追いついたのです。しかし、それは滅多にあることではありません。

二百席近いネタのうち、すぐできるのは五、六十席でしょう。ちょっとおさらいをして加わるのが百席で、残りは相当なケイコを要すると思われます。

しかし、なかなかネタは増えません。押し込むと、こぼれるものがあるからです。仲間と「食うと出るもんな。あれと同じだよな」などと笑い合うのですが、悩みは共通しています。案外、人の脳の容量は決まっているのかもしれないと考えることがあります。

売れっ子のネタは案外増えない

落語界も格差社会です。ほんの一部の売れっ子とそうでない者で構成されているのです。富の偏在というやつですね。では、大多数の富まざる者が売れっ子に嫉妬《しっと》し、心身を病み、ついには廃業したり自殺を企《くわだ》てるかというとそんなことはありません。

実に能天気に暮らしています。羨《うらや》ましいのは売れっ子の収入のみで、売れっ子の苦労や悩みを知っているからこそ平然としていられるのです。

売れっ子は、持ちネタがそう多くはありません。思うようにネタが増えないのです。どうしてそうなるのか、理由はもちろんあります。マスコミで顔と名が売れると、営業の仕事が増えます。主になるのが地方における独演会で、これが問題なんですね。

売れっ子は観客動員力があります。市民会館や公会堂などキャパ千人規模のものが会場となります。そうなるとギャラも高額で、一流企業の部課長さんクラスの月給をたったひと晩で持ってっちゃうような人が何人もいます。客は一部落語ファンを含む老若男女で、大多数は、「評判だから」「テレビで知っているから」との理由で来ています。

ここで何を演るかなんですね。だいたい似通った構成になります。二席演るとすると一席目が爆笑ネタで、仲入り休憩をはさんで二席目に人情噺を始めとする大ネタを披露して終演という形をとるのです（当然その逆バージョンもありです）。

つまり、初めて見るであろう聞くであろう大多数を爆笑ネタで満足させ、落語ファンには大ネタを提供するということです。そのために最大公約数を演じなくてはならないのです。商売だけでなくちゃんと芸もやりましたよという形をとります。ウケないけど好きな噺などはできないのです。途端に、「面白いって聞いたけど、大したことねえな」という評判になるからです。

売れっ子はどこへ行ってもこの繰り返しで、客と主催者の満足を考えると致し方のない点もあるのですが、売れっ子も人の子、やっぱり飽きるんです。

そこを引っかき回すのがオッカケという存在です。都心のみならず、本当にいろんなところに出没するんです、この人たち。「ねえ、仕事はどうなってるの」と聞きたくなりますね。このオッカケを見た時、売れっ子の胸が騒ぐんです。今日演る噺をあの人はこの前聞いているはずだ。こりゃネタを変える必要があるなと。これがいけないんですね。いつもの爆笑ネタでないもんですから、大多数の満足が得られないという結果になるのです。

談志が袖から客席を見て、「またあの客が来てるのか」と嘆息したのを私は目撃しています。落語家に熱烈なオッカケがいるのは名誉なことですが、時としてプレッシャーを与え、足を引っ張ることさえあるのです。

かくして売れっ子の持ちネタは存外増えず、ほとんどの落語家は能天気に生きられるわけです。

あえてトップは狙うな

では、他の落語家、つまり売れない大多数の落語家は着々とネタ数を増やしているのでしょうか。否です。とにかくどこからもお呼びがかからないのですから、ネタ数を増やしてもそれは宝の持ち腐れで、故に増やす必要はなく、いつの日かブレイクするかもしれないという根拠のない希望を抱えつつ、できるだけモノを考えないように生きているのです。

落語界には〝モノを考えると死ぬぞ〟との格言（?）があり、考えてても考えてないふりをするのが普通です。ところが、考えてないふりを続けるうち、本当に考えない人間ができ上がるのは面白い現象です。

もちろん、全員がそうだと言っているのではありません。あれだけ忙しいのによくやるなと感心するぐらいに、売れっ子でもネタを増やす人はいます。それと同様に、いくら仕事がなくても、つまり、売れていなくてもネタを増やす人はいるのです。

売れていようといまいとネタを増やす。共通点は一つ、そういう人たちは落語が好きなんです。それは本能と言うべきもので、本能に忠実な人のみがケイコの虫となり、ネタを増やすのです。

ネタが多いのに今ひとつ売れない人の落語には、総じて華がありません。小ぢんまりとまとまっているが故、派手さがないのです。下手か？　そんなことはありません。プロの基準は満たしていて、欠点は破《は》綻《たん》がないことなのです。いっそどこかが壊れていれば人気者になるという道が拓《ひら》ける可能性があるのに、惜しいことです。

つつがなく地道に生きる彼らに道は閉ざされているのかというと、それも否です。彼らには前座や二つ目のケイコ台になるという大きな仕事があるのです。基礎はしっかりしています。本寸法《ほんすんぽう》（正統派）です。派手さや突出した部分がもてはやされる現代でこそ埋没してますが、世が世であれば評価され、それなりの地位を確立し、一国一城の主《あるじ》たりえたはずの人です。まさにこういう人こそ若手のケイコ台にうってつけなのです。

食えてはいるんですが、仕事の総量が少ないですから、彼らには時間があります。ですから、丁寧に教えてくれるんです。概ね性格もよく、欲望を剝《む》き出しにしませんから上品で、自分のことはさて置いても、後進の育成に労を惜しむことはありません。むしろ、若手の成長に目を細め、それを我が喜びとしてくれます。落語界はこういう縁の下の力持ちがいてまわっているのです。

会社にも縁の下の力持ちは多いことでしょう。コツコツやり、後進の信頼が厚いのに今一つ報われない人です。でも、人のやることに無意味なことなんてないんです。へこむことなく淡々と生きていけばいいんです。現にトップランナーだって苦しいんですから。冒頭に書いた四つのタイプのどれに自分があてはまるかを考え、自分流に生きることが大事なんです。

トップを狙うのはもちろん素晴らしいことですが、落語界と同様そういう人だけで世の中はまわらないのです。少し前の巨人軍を御覧なさい。四番バッターばかりを揃えてあの体たらくだったのですから。

記憶は都合よく変換される

五十歳を過ぎた頃でしょうか、小中学校のクラス会がありました。五年に一度のペースで行われるのですが、前回前々回と仕事の都合で欠席、友とは久々の再会となりました。

何と言ってもクラス会のよさは、瞬時に子供時代に戻れることです。洟《はな》をたらしたイガグリ頭やオシャマなオカッパ頭がたちどころに甦ります。「やあやあ、お互い老けたなあ」「変わらないねえ」と会話も弾みます。

四十五人の三クラス、出席率は七割といったところでまずまずです。ほとんどの教師は世を去ってますが、中には御存命の先生もいて、かつての生徒が群がります。と、ここで驚くべきことが判明するのです。この先生が生徒の名前をよく覚えてるんですねえ。きっと先生の頭の中には、数千人の名前がインプットされているのでしょう。「どんな生徒を覚えているもんですか」と質問してみました。先生はちょっと遠い目をし、こう言いました。

「手を焼かせた子、貧しい家の子、目立たない子、勉強のよくできる子の順かなあ」

なるほどそういうものかと少し唸《うな》りましたね。さすがなのは〝目立たない子〟が入っていることで、かつての先生の目配りには自然と感謝の念が湧いてきました。

互いに当時のアダ名や愛称で呼び合います。女子も現在の姓では呼ばず、旧姓のままです。いくつも輪ができて思い出話で盛り上がっていますが、ふと面白いことに気づきました。

一つのエピソードを巡っての各自の記憶が微妙に異なるのです。そこにいなかったはずの子が出てきたり、他のエピソードと混同していたり、ある者は春だったと言い、またある者は秋と言い張るという具合で、では、一体本当のところはと笑い合ったのです。分かったことが一つあります。それは、みんな自分に都合よく記憶しているということです。

でも、それでいいんです。多少記憶が異なっていようと、大勢に影響はありません。そこは幸せに生きるための防衛手段と考えましょう。もちろん記憶力の減退とは関係のないことです。

私の小学校時代の自慢は、同級生全員百三十五人の名前をフルネームで言え、書けることでした。更にその両親の名前も記憶しました。そして、全員の家を自転車で訪ね歩いたのです。今にして思えば、変わった子です。ちょっとマニアックですよね。まあ特技と言うより、変わった趣味の範疇に入るでしょう。

名前は時代を反映します。現在、男の子には〝翔〟の字がつき、女の子には〝凜〟が人気だそうですが、当時の父親には何衛門、何之助、何三郎といった名が残っており、母親にトラやタツなど干支《えと》からきた名前があることを発見し、悦に入っていたのです。

久々のクラス会です。一丁それを披露しようとちょっとブツブツさらってみました。ダメです。当人の名はかろうじて出るものの、両親の名前が出てきません。片方の親の名前がポツポツという程度で、残念ですが、それを余興とするのはやめて、その代わり「艶笑小噺」をたっぷりと披露しました。

新作派は創り続けられるか

落語は伝統芸であり、伝承芸です。江戸に始まり、明治の中頃に今のような形になったと言いますが、さて現在披露されているネタは、一体何人の手を経て今日《こんにち》に伝わったのでしょう。おそらく千人単位であろうと推測されます。様々な落語家が削り、あるいは付け加え、つまり編集し、換骨奪胎《かんこつだったい》しての今日の落語なのです。

それが、いわゆる古典落語と言われるものですが、一方に新作派がいます。現代、または未来を語る一派です。そうです、SF落語とも言うべき作品もあるのです。かつては落語作家がいて、作品は彼らから提供されたものですが、近年はほとんど自作自演です。

東では三遊亭円丈、柳家喬太郎、三遊亭白鳥等の人々が知られていますが、西には巨人・桂三枝（現・六代目桂文枝）がいます。三枝師匠の量産力と質の高さには驚くべきものがありますね。

私も奮起し、新作落語にチャレンジしています。しかし私の場合、新作落語の背景は江戸時代です。どうしようもなく江戸が好きだからで、その背景を借りて現代に通じるテーマを語ろうという目論見《もくろみ》なのです。

ですが、すぐに挫折しました。極めて困難な作業なのです。古典落語はおよそ五百席、いや七百席あるとも言われてますが、それら既成の落語と私の創ったものがバッティングしてしまうのです。ありとあらゆるパターンが出尽くしていて、それと構成やストーリー、あるいはテーマがぶつかってしまうのです。江戸を背景に二十席ほど創りましたが、そうですね、お客に何とか通じるネタは三席がいいところなんです。

新作派に創作方法を聞いたことがあります。「ブレーンストーミングが重要だ」と言いましたね、彼は。「こういう噺をやりたい」と宣言するんだそうです。すると、同好の士が「それじゃ弱い、芯がない」「いっそ脇役を主人公にしたらどうだ」「もう一つ山場が欲しいな」などと言い、納得したら家に帰り、一気に書き上げるんだそうです。それを覚え披露するわけですが、ウケなかったらお終《しま》いです。お蔵にするどころか、そのネタを捨てなければならないのです。

次々に創るんだそうです。創っては捨て、創っては捨てという作業です。「新作はすぐ古くなるからなあ」と彼は言いました。そうです、小道具に登場させたケータイにしてもどんどん進化してるんです。

一発当て、あるころからそのネタをと声がかかり、ある日後輩がそのネタをケイコしてくださいと言います。その時がスタンダードになった一瞬で、「その喜びのために創り続けるんだ」と言いましたっけ。

その新作派が古典落語を演ることがあります。非難しないでください。創作はとても疲れ、彼は休んでいるのです。そして、新たな飛躍を期しているのです。センスのいい新作を創る彼のことです。古典だっていい味付けをしているはずですから、どうぞ聞いてやってください。

忘却を補う「胡魔化す力」

五十代の半ばを過ぎても、記憶力は絶好調です。はい、覚える力はいや増しているのです。たとえば、明日が独演会の当日だとします。そして、そこではネタ下ろしを演りますと発表済みです。しかし仕事が立て込み、とうとうケイコの時間が取れず、残された時間はわずかかひと晩なのです。

大丈夫です。ひと晩で一席三十分のネタを覚えてしまうんです。手がけるのは初めてですが、このネタには前座の頃から馴染んでいて、以降も幾度となく聞き、頭の中に蓄積があるのです。つまりストーリーはすでに手の内にあり、あとは細部を詰め、新たなマクラを考え、新たなクスグリ（ギャグ）を放り込めばいいのです。

さて独演会の当日です。あら不思議、立て板に水、新ネタは淀《よど》みなく口から滑り出て、オチを言った途端の拍手喝采です。どうだってなもんです。

こういう時の打ち上げの酒は旨いですね。そこにいる誰も一夜漬けのネタだなんて思わないんですから。そればかりか、「また新たなネタが増えましたね」「これからどう変わるか楽しみです」などと賞賛の声すら出るのです。

御機嫌で帰還するのですが、さてその三日後に落語を披露する機会があり、そのネタを演るのですが、もういけません。ストーリーは間違えないものの、細部があやふやでメロメロの出来なのです。判断ミスです。機会を作ってでも翌日演るべきだったのです。それから立て続けに三日ばかり演り、体にたたき込むべきだったのです。

かつてはネタ下ろしから三日経っても五日経ってもスイスイできたのですが、いつしか私の体はそういう体ではなくなっていたのです。

若き日に楽屋で聞いた古老たちの会話が甦ってきます。その時は気にもとめなかったのですが、それは概ねこんな会話です。

「近頃よく噺を忘れるんだ」「ああ、オレも」「筋は大丈夫なんだが、人名なんかな」「オレは年号をよく間違える」「それからせっかく作ったクスグリとか」「そう、新たに入れたものは飛ぶな」「でもそこは年の功で」「そう、上手くできてるんだ。忘れる分、それを補う力が備わってきた」「うん、胡魔化す力な」「そうとも言うな。ワッハッハー」

どうです、若干の不安とプロとしての自信が伝わってくる会話ではありませんか。私もいよいよと言うかとうとうと言うか、彼らの世界へ仲間入りです。そうです、それは記憶力vs忘却力の世界なのです。戦うんですね、両者が。で、忘却力が記憶力に勝ってしまうとシャレにならないんですが、先人はいいことを言います。補う力があればいいんですね。キャリアの力、蓄積の力で胡魔化せばいいんです。

それには堂々としていることです。それを顔に出し、お客を不安にさせることが最もいけないことなのです。何しろ楽屋の格言に〝下手でも堂々としているのがプロだ〞というのがあるくらいですから。

そして、記憶力に衰えを感じている皆さん、悲観しないでください。その衰えを少しでも押さえるのが、何度か前述したとおり〝繰り返す〞ことなんです。それさえやっていれば、理解力が上がり話の肝をつかむ力が皆さんには備わっているので、安心なのです。

客から愛された志ん生

昭和の名人に古今亭志ん生《ここんていしんしょう》（五代目）がいます。息子は言わずと知れた先代金原亭《きんげんてい》馬生《ばしょう》（十代目）と古今亭志ん朝（三代目）で、天衣無縫《てんいむほう》な芸と数々のエピソードでも知られています。

ある時の高座で、登場人物が戸を開けないで家に入っちゃったそうです。前に出たもう一人の人物は閉めて入っており、開けなければ入れない設定で開けなかったんです。

お客も袖で見ていた後輩の落語家も、思わず目をつぶったそうです。それぞれの頭の中には戸が現出しており、「あ、ぶつかった」と思って目をつぶったわけです。志ん生は何事もなかったかのように噺を進め、オチを言い、楽屋に戻りました。袖で見ていた後輩の落語家が言ったそうです。

「戸を開けませんでしたね」

すると、志ん生は言ったんです。

「どうでもいいんだよ、そい（そういう）ことは。オレがこの噺で言いてえことはそいことじゃねんだから」

ま、小さいことはどうでもいい、それより噺の肝を固めろということですが、でも閉まってる戸を開けないと見ている人は驚きますよね。

戦後から昭和三十年代前半に売れに売れたんですが、脳溢血《のういっけつ》に倒れ、半身がきかなくなりました。高座は無理だからと自宅療養です。でも「志ん生が見たい」という声が寄席に殺到したんです。お客の一人は「そこにいるだけでいいんだから」と言ったそうです。大したもんですよね。

ある時の高座では寝ちゃったとか。大の酒好きで、高座であったためられ、回っちゃったんですね。前座が出てきて引っ込めようとすると、お客が言ったそうです。

「いいよ、寝かしといてやんな」

愛されてたんですねえ。

いよいよ本格的に自宅療養となり、ボンヤリしてたんだそうです。そこへラジオから落語が聞こえてきました。自分がかつて録音した落語です。しばし聞き入り、志ん生は言ったんです。

「うん、強次《きょうじ》（志ん朝の本名）も上手くなった」

聞く耳は確かだったんですね。

志ん生は夥しい数の録音を残しています。映像はごく限られていますが、音はカセットやCDという形で次々と発売され、ベストセラーでありロングセラーとなっています。それを聞いたお客から「やっぱり志ん生はいいね」などと言われると、現役として少々つらいものがありますが、相手が志ん生じゃどうしようもありません。

数が多いですから、なかにはひどいものも混じります。拍手に迎えられた志ん生、いきなりダンマリです。で、しばしして言ったんです。

「昔ぃ、何とかというお侍ぃが……」

すごいですねえ、最初《はな》っから忘れてるんです。もうカネに転んだとしか思えませんね。「その噺、できるよ」と、安請け合いしたんですね、思うに。で、演ってみたら案の定、忘れていたと。

しかし、「何とかというお侍」というのはスゴいです。そりゃみんな「何とか」ですもん。志ん生は我らに「大丈夫だよ」と言ってくれてる気がします。

文楽と談志に見る忘却への対処法

志ん生と並び称される昭和の名人に先代桂文楽《かつらぶんらく》（八代目）がいました。私は志ん生のナマの高座には間に合ってませんが、文楽にはギリギリ間に合いました。

入門の翌年、談志に連れられ年始の挨拶に行ったのは忘れられない思い出です。上野黒門町《くろもんちょう》に住むところから〝黒門町の師匠〟と呼ばれ、寄席から仰ぎ見たその人が目の前にいて、手拭いとお年玉をくれたのです。そう、寸志という芸名に大ウケしてくれましたっけ。

若き日から売れ、ずうっと人気を保っていました。笑顔がよく、上品で、機嫌よくを心がけているように見えました。志ん生の融通無碍《ゆうずうむげ》、草書のような芸に対し、文楽は楷書《かいしょ》の芸だと言われ、ネタ数は多くないのですが、すべてを磨き上げていました。そうです、ネタはいずれも十八番だったのです。

二十分の噺を演ると、二十分キッカリで下りてきました。まさに精密機械、長い噺でも分《ふん》とは違わず、秒の誤差でまとめるのでした。

そんな文楽に異変が起きました。昭和四十六年の夏のある日、高座で絶句したのです。ネタは『大仏餅《だいぶつもち》』と聞きました。噺の途中、登場人物が名乗るシーンがあるのですが、その名前が出てこず、黙り込んだのです。志ん生なら「えー、何とかという人が……」と乗り切るでしょうが、文楽はそのいい加減さを持ち合わせていません。ただ黙るしかなかったのです。

客が間《ま》にしては長いな、もしやと気がついた時、文楽は言いました。

「もう一度、勉強し直してまいります」

そして、そのまま頭を下げ、袖へと引っ込んだのです。楽屋でブルブルと体を震わせていたそうです。さぞ悔しく切なかったことでしょうね。

この件には伏線がありまして、実は文楽はこの詫《わ》びの文句をケイコしていたというのです。その前の二、三の高座でわずかにつっかかり、遠くない将来にその日がくると察知し、「もう一度、勉強し直してまいります」を繰り返していたのです。そして、文楽は高座に復帰することなく、その四カ月後に旅立ってしまうのです。

志ん生と文楽、実に好対照ですが、どっちも好きです。誰にも老いはやってきて、いずれの日にかXデーを迎えます。そうです、忘却力が記憶力を凌駕《りょうが》する日です。さあ、我らはどうやってその日に備えましょう。

談志はスゴいですよ。客に尋《き》いたりしますからね。

「ねえ、こいつの名前、なんつったっけ?」で、客が正解すると褒め上げますね。

「偉《えれ》え、オレより落語を知ってらあ」

袖で聞いてたら、「談四楼、このカネ、三両か五両か」といきなり尋《たず》ねたことがあります。咄嗟に三両と答えると、噺を進めるうちに五両であることが発覚し、「このヤロー、いい加減なことを教えるな」と、高座から小言を食いましたっけ。三両と五両、わずかな違いなんですがねえ。

馬生と志ん朝の胡魔化し方

志ん生の息子二人は落語家になりました。前述の先代金原亭馬生と古今亭志ん朝です。兄の馬生は苦労したといいます。戦時中、父の志ん生が円生《えんしょう》とともに満州に慰問に出たままなかなか帰ってこず、当時志ん朝はまだ子供で、一家を抱えた馬生は孤軍奮闘したと聞きました。

志ん生あっての馬生で、その志ん生が不在なのですから、楽屋で何かと苛《いじ》められることもあったらしいのです。でも、そんな苦労は微塵《みじん》も感じさせませんでした。私が入門した頃は堂々たる看板の一人だったのです。いつも着物でした。私は馬生の洋服姿を見たことがありません。踊りの名手のせいか身のこなしが洗練されていて、言動も洒脱《しゃだつ》な人でした。五十四歳という若さで亡くなってしまうのですが、その晩年、必ず缶ビールを一本空けてから高座に上がっていました。

私は志ん生に連なる酒の遺伝子を感じたのですが、若いんですねえ、何も分かっていませんでした。馬生はすでに食道ガンに冒され、固形物が喉を通らず、缶ビールは高座のためのカロリー補給だったのです。

馬生が元気な頃でした。ある日の高座を袖で聞くうち、妙なことに気づきました。子供の出てくる噺を演じていたのですが、金ちゃん、金坊と呼ばれていた子供が、途中から亀ちゃん、亀坊と呼び名が変わったのです。子供は一人しか登場しません。二人登場する設定かとも思ったのですがそういう展開にもならず、馬生が間違えたのだと分かりました。

楽屋で勇を鼓してそのことを尋ねますと馬生、「どっちでもいいんだよ、名前なんざ。子供の名前は昔から金ちゃんか亀ちゃんに決まってって、子供だってことが分かればいいんだよ」と、なかなか強情なのでした。いや、さすがは志ん生の息子だと思いましたねえ。

志ん朝はその名の通りシンチョウな人で、先代桂文楽のごとく芸は緻密《ちみつ》でした。その人にしてもやっぱりやってしまうことがあるんですねえ。

ある時の高座で『八五郎出世』をかけたんです。もちろん主人公は八っつぁんこと八五郎ですが、のっけに「熊さんかい」で始めちゃったんです。そうです、『八五郎出世』なのに主人公が熊五郎なんです。でも、言っちゃったものは仕方ありません。熊五郎で通すしかなく、気をつけながら八五郎を熊五郎と言い換え、噺を進めました。いよいよサゲ、大団円にこぎつけて気が緩んだんでしょう、「おなじみの『八五郎出世』でございます」とやっちゃったんですねえ。いや、お客と楽屋の喜んだの何のって……。

その志ん朝、友人から拳銃を預かり、警察の聴取を受けたことがありました。前後して馬生が亡くなったのですが、我が弟子の立川志らくがスゴいことを言いました。

「兄弟そろってガンマニアだ」

さすがギャグの天才と大いにウケたのですが、馬生と志ん朝の弟子には不興を買ったようです。ま、そういうもんでしょうね。

三平と小さんの生き様

私は最初ラジオで落語を知りました。唯一理解できたのは先代三遊亭金馬の落語で、ハッキリした口調が印象に残っています。

やがて、テレビが我が家にやってくると、そこには三遊亭歌奴（二代目、のちに三代目圓歌）と林家三平（初代）が映っていました。歌奴の売りは『授業中』という新作落語で、三平は小噺を並べ、唄っていました。いや、両者ともに面白かったですねえ。

やがて、大喜利番組の中に談志を発見し、オッカケとなり、古典落語に目覚めていくのですが、談志目当てに出かけた寄席に歌奴か三平が出ていると得した気分になりました。ナマの三平の何と弾けていたことでしょう。

落語家となり、楽屋入りしても三平の印象は変わりませんでした。いや更にバージョンアップしているようでした。エネルギッシュでサービス精神の固まりのような高座には目を瞠るものがあり、ドカンドカンとまるで客席に絨毯爆撃《じゅうたんばくげき》をかけているようでした。

弟子に同期がいて、台東区根岸の自宅にも伺うようになり、普段の三平に接する機会も得ました。三平は私に小噺をやってくれ、高座も自宅も変わらないのでした。凄まじい売れっ子ぶりで、まさに過密スケジュール、超人だなあと思っていたのですが、そんな三平にも病が忍び寄っていました。

脳溢血で入院したのです。入念なリハビリを重ね、ようやく高座に復帰するのですが、そこにはもうかつての三平はいませんでした。後から知ることになるのですが、三平の体は肝臓ガンに蝕《むしば》まれており、明らかにパワーダウンしていたのです。

古典落語の演者はオチを言ったら下りられるのでまだ楽です。しかし三平は小噺を羅列し、ドカンとウケたところで下りるのを常とし、そのドカンがないのでいつまでも高座を下りることができないのです。

十五分の高座を三十分近く演ったのを私は見ています。ああ、あの三平がと、それは正視にたえない姿でしたが、これも芸人の一つの在り方だと目に刻みつけました。

先代柳家小さんは談志の師匠で、私からは大師匠に当たります。数々の思い出はあるのですが、晩年NHKで会った時、「談志さんは元気かい？」と言ったのが強く印象に残っています。袂を分かった弟子を気にかけている様子に、立場は違ってもいつまでも親子なんだなあと思ったのです。

享年八十七で大往生と言えますが、晩年の高座はときどき詰まりました。セリフを忘れるんですね。思い出そうとするんですが、なかなか出てきません。客席もざわつき始めます。いいですよ小さんは。そこで「エヘッ」と笑うんです。お客さんが言ってましたね。「あの笑顔にゃ参るよ。もう何でも許しちゃう。そこにいるだけでいいって言いたくなるもんな」

小さんの人生、本当に幸せだったと思います。

やり尽くして潔く死ぬという覚悟

「芸人は売れなくちゃいけません。売れりゃこんないい商売はなく、また売れなかったらこんなつまらない商売はありませんよ」

黒門町の師匠こと、先代桂文楽の言葉です。まったくその通り、もう逆らいようがありません。誰でも売れようとケイコを重ね、努力をしてるんですが、実際はねぇ……。

そしてこの世界、「売れ続けることは更に難しい」とも言われてるんです。ああ、ちょいと売れ、いつの間にか消えていった芸人の何と多いことでしょう。

でも、ちょいと売れるだけでも大したもんなんです。ほとんどの芸人は無名のまま埋もれていくのですから。売れない埋もれた芸人でも悲観することはありません。そういう人には〝鳴かず飛ばずも芸のうち〟との慰めの言葉が用意されているのです。

談志は若き日にはマスコミの寵児《ちょうじ》と言われ、以来長くトップを走っています。その談志が言ったことがあるんです。

「恐いのはコツコツやるやつだ。一つのことを三十年やったやつにはかなわねえ」

そうです、その手もあるのです。一つのことにしがみつき、しつこくやり続ける方法です。

橘家円蔵（八代目）も長く売れました。人気のピークの月の家円鏡時代、我ら若手にこう言いました。

「おまえたちは面白い人や上手い人の芸を見て盗もうとするだろ。違うんだよ。下手なやつ面白くないやつをよく見るんだよ。そうすりゃなぜ売れないかがよく分かるから。で、その逆をやりゃいいんだよ」

なるほどと思いましたね。やるだけやってそれでも売れなかったら、その時はもう〝長生きも芸のうち〟という言葉にすがるしかないでしょう。誰よりも生きるんです。先輩や同期が死に絶えたところにたった一人生き残るんです。そうなると稀少価値が生じます。で、先輩や同期の売れっ子や名人と言われた連中の名を出し、言ってやればいいんです。

「あいつらは下手だったねえ」

それもかなわなかったら、一縷《いちる》の望みに託すしかありません。〝化《ば》ける〟のです。化けるとは、それまでどうにもならなかった人がある日を境に、突如売れ出すということです。突然変異ですね。「あいつは化けたね」というふうに使い、化け物、モンスターという言い方もしますが、先代の林家三平がその典型とされています。

当時の人に言わせると、「三平は下手でたどたどしくて、しかも青くてどうにもならなかった」そうです。それが〝昭和の爆笑王〟と言われるようになるんです。だから希望を捨ててはいけないんですね。ただ〝化ける〟は誰にも当てはまるわけではなく、その確率は限りなくゼロに近いんですよね。

やり尽くし、運もなかったら、その時は潔《いさぎよ》く死にましょう。世間が野垂れ死にと言ってもかまいません。死んで本当の幽霊となって〝化け〟て出りゃいいんです。

大滝秀治の生涯現役の心意気

NHKのBSハイビジョンでいいものを見ました。『全身〝役者魂〟大滝秀治〜84歳 執念の舞台〜』です。

大滝さんが昨年、落語でおなじみの『らくだ』に挑んだのは知っていました。その劇団民藝の芝居を私は見ることができず、それだけにテレビを楽しみに見ました。ケイコ風景とインタビューを主に構成されてましたが、実に面白く示唆的でした。のっけに大滝さんが「ダメだ、ダメだ、セリフが入らん。まるで頭に入らん」と言い、苦しむ画《え》が映るんです。

何しろ大滝さんは八十四歳、老いと戦っていて、簡単にセリフが入らないのです。でも、理由はそれだけではありません。脚本が別役実さんなのです。そうです、不条理劇の人です。一方の大滝さんはリアリティーを追求して六十年という人で、納得しないとテコでも動かないのです。

不条理と言うぐらいですから、セリフや動きに意味がなかったりします。大滝さんは意味を求め、理解して初めてセリフが入るという人です。互いがあの人とやってみたいということで実現した芝居ですが、この対立の図式がハラハラするぐらい面白いのです。

大滝さんは初舞台で頭が真っ白になり、ひと言も喋れなかったという経験を持ちます。師匠の宇野重吉から、「声が芝居向きではない」とも言われます。遅咲きですが、芝居の虫で、今や引っ張りだこ、その声が魅力だと、ナレーションの仕事もこなします。そして劇団代表であり、もちろん最年長です。後進育成の義務もあるのですが、この芝居に限り、その余裕がありません。何しろ台本が納得できず、セリフが入らないのです。そして大滝さんは八十四歳なのです。

途中、「そうかそういうことか」と大滝さんが言います。合点《がてん》がいったようです。納得したのです。セリフが徐々に入っていきます。相手役の指導にも力が入り、未熟だった彼はどんどんよくなっていきます。でも、大滝さんは八十四歳です。セリフ覚えはかつてのようにはいかないのです。

家でケイコします。ケイコ場でやり、そのベランダでもブツブツ言います。あちこち動き回り、ケイコします。連日のケイコで体力も落ちてくるのですが、この辺は凄絶です。

初日の幕が開きます。何と大滝さん、二時間の芝居をほぼ完璧にやり遂げるのです。のみならず、東京と大阪での一ヵ月公演を完走するのです。何という役者魂でしょう。公演後、大滝さんは言います。「何にもしないで休みたい」と。「で、休んだら……」との問いに間髪《かんはつ》を入れず、「そりゃキミ、芝居だよ」と答えたのです。

何度か声を上げて笑い、息を詰めて見ましたが、「そりゃキミ、芝居だよ」にはグッときました。生涯現役でい続けようという心意気こそが大事なんですねえ。いや、いいものを見せてもらいました。

あとがき

「向こうから来る人、誰だっけなあ。よく見る顔なんだよなあ。あ、そばまで来た。どうもこんちは」

「………」

「お見それしました。どなたでしたっけ?」

「バカ、てめえの親父《おやじ》だ」

「先生、私近頃物忘れが激しいんですの」

「それはお困りだね。で、いつから?」

「何のお話です?」

和洋の小噺です。人間、覚えたことを忘れますね。つまり、覚えることより、忘れないことによりエネルギーを使うのです。それからよく言いますよね。「つまんないことを覚えてるくせに、肝心なことは忘れる」

今回、書きながら考えました。この解釈は間違ってるんじゃないかと。つまんないことこそその人にとって肝心なことで、世間の言う肝心なことというのはその人にとってつまんないことなのではないかと、そう考えたのです。人は肝心なことは忘れないはずですから。でも、肝心なことを忘れるのもまた人間で……あー、何だかよく分からない。

延々と鉄道唱歌を唄う人がいますよね。何番まであるんでしたっけね。確か覚えたはずなんですが、ほらもう忘れた。それから円周率を滔々《とうとう》と諳んじる人がいます。ストーリーを作って覚えると聞きましたが。「では、東海道本線を東京から順に」などと言い、駅名を並べる人もいます。で「次は東北本線を」と得意気なんです。これってどうでもいいこと、つまんないことですよね。でも、当人にとってはとても大切なことなんです。で、延々と聞かされるうち、感動してしまうのです。

知り合いの僧侶に尋《き》いたことがあります。お経をどのくらい覚えているのと。「三十分までなら諳んじてるが、『一時間やってくれ』と言われるとやっぱり途中から読むことになるね」

その答えに妙に納得しましたっけ。うん、そういうものだろうと。

記憶術、あるいは記憶のコツはと問われたら、私の場合、答えは一つです。「集中して反復しろ」、これでお終いです。またそれしかないのです。でも、一行じゃ本にはなりません。それで手を替え品を替え、同じことを書いたのです。どこか気に入ったところがあったら、適当につまんでください。

私は今、記憶力と忘却力に関する実験をしています。それは去年の初夏に始まりました。ある日、一人の中年の男が楽屋にやってきたのです。ファンになる可能性のあるお客かと思ったのですが、様子が違います。ただならぬ気配で言うんです。「弟子にしてください」

大あわてで「あなた、いくつ?」と尋きました。すると彼はシレッと「四十六です」と言ったのです。ヒョエーです。いくら何でも遅過ぎます。理想は柔軟性と吸収力を持つ十五、六歳。四十六歳はその親の歳じゃありませんか。「妻と高二の息子がいます」続けて彼はそう言い、私は胸の内で「息子を寄越せよ」と呟きました。

「長く営業畑にいたのですが、このたび早期退職制度を利用しました。その割り増しの退職金を息子の教育費に当て、妻も仕事をしておりますので食う心配はありません」

「でもあなた、その年で落語を覚えられる?」

「はい、アマチュアでやっておりまして、いささか自信があります」

「…………」

いけません。断る理由を次々と潰されました。食う心配がなくって自信があるんです。ふと、面白いかなと思いました。ちょうどその頃、本書の執筆依頼があり、彼の存在はその一助になると考えたのです。

四十七歳になるその日に入門を許可しました。と言うのも、志らく門下のらく朝《ちょう》の入門が四十六歳だったからです。最年長、新記録でなけりゃ意味はありません。かくして四十七歳の前座が誕生したわけですが、最年長の長、長老の長から取り、芸名を長四楼《ちょうしろう》としました。キャッチフレーズは〝五十で二つ目、還暦で真打に〟です。

その落語は合格です。何しろ隠居と大家に説得力があるんです。そりゃそうですよね、実年齢が近いんですから。今のところ次々とネタを覚え、順調です。覚えた先から忘れるということもありません。でも、五十を過ぎたあたりで忘却力がのさばる可能性もあるわけで、実験というのはまさにそこにあるのです。

むしろ前座としての労働に苦しんでいますね。私はきっちり前座として扱いますので、重い荷物も持たせます。自分のカバンに私のカバン、そこへ酒二升などということもあり、彼は汗をたらし、ゼイゼイ言いながらついてきます。

なぜこんなことをやらなければならないのかと、意味を考える節があります。社会人としての経験がそうさせるのでしょうが、前座の仕事は意味を考えたらこなせません。彼の運命やいかにといったところですが、いずれ別の機会にその後を報告できるかと思います。しばしお待ちください。

担当の藤崎昭彦さん、本当にお疲れ様でした。あなたにとっては薄氷を踏む思いだったでしょう。原稿の追い込みが暮れから正月にかけてだったのもあなたには不運でしたね。それが私の一番忙しい時期と重なったのですから。とにもかくにもこうして本はでき上がりました。一つ遅めの新年会といきましょう。

最後になりましたが、本書をお買い上げいただきましたこと、厚く御礼申し上げます。そして、本書に登場する落語家の敬称の多くを略しましたこと、御了承ください。

著者

補章　弟子の〝もの覚え〟

長四楼《ちょうしろう》は辞めました。最初、彼を支えてくれていた奥さんが思ったんです。で、看病してやれと暇を出しました。二カ月ほどして戻ってきたのですが、やつれていました。この時がオヤと思った最初です。奥さんはよくなったもののすぐには働けない状態で、食うことと前座修業の狭間で彼は悩み始めました。

毎日来るには及ばない、アルバイトをしていいと言い、そんなサイクルに入ったのですが、今度は彼が倒れました。高血圧の気《け》はあったのですが、やはり無理がたたったのでした。軽く済んだのですが、もう気力が残ってませんでした。ある日「無理です、辞めさせてください」となったのです。

心身が弱っている人を引き止める手立てはありません。つつがなく暮らしてくれと送り出しました。二つ目が見えていただけに惜しいことでした。いっそポーンと二つ目にしてやろうかとも思いましたが、まだ落語が五十席に達しておらず、例えば踊りもまだ稽古に通い始めたばかりでした。

高座は堂々としていい味を出してましたよ。オッサンの良さが前面に出ていました。羽織を着たら二つ目、いや真打と言い切ればそれで通ったくらいの風格がありました。しかしそれも気力体力があってのことです。彼の場合、中年の星として期待する向きも多かったのですが、返す返すも残念でした。

立川三四楼《さんしろう》は思わぬ形で弟子になりました。彼は元来快楽亭ブラックの弟子でブラックC《シー》と言ったのですが、ブラックが競馬にのめり込んで大きな借金をこしらえ、一門を除名になったのがきっかけです。

破門でなく除名としたところに談志の情を感じますが、弟子は路頭に迷います。ところがこの落語界、預かりというけっこうな仕組みがあるのです。師匠が亡くなったケースが多いのですが、真打に至ってない前座や二つ目は一門の真打が預かるという不文律があるのです。

一門総会の折、ブラックの弟子をどうするかとなり、彼の兄弟子の行き先が次々と決まり、さて彼の番となった時、私と目が合ってしまいました。正確に言うと、彼の様子はどうかと見たら、私を凝視していたのです。見込まれたら受けて立つ、これもまた業界の約束事なのです。

談四楼の弟子になったのですからブラッC《シー》のままというわけにはいきません。聞けば三軒茶屋に住んでいる由、そこで三軒茶屋の三の字を取り、三四楼としたわけです。スッキリして覚えてもらえる芸名なのですが、何だか様子が変です。意外な事実が判明しました。彼はブラックの借金の一部を肩代わりし、百万円の借金を負っていたのです。

すぐに、しばらく来なくていいと言い渡しました。アルバイトでも何でもして借金を返してからいらっしゃいということです。前座が借金地獄にいては修業に身が入るわけがないからです。

百万円というカネを銀行は前座には貸してくれません。いわゆるマチキンのいくつかから借り、マチキンは高利で有名ですから、三四楼は利子の支払いに追われていたわけです。暇をやると、三四楼は半年ほどして戻ってきました。バイト料のいい深夜帯に集中して働き、いわゆるきれいな体になって、再びの前座修業となったのです。

二つ目に昇進、この頃から三四楼は新作を手がけるようになりました。アニメとか宇宙とか好きな世界を落語で展開し始め、変わった存在として認知されるようになったものの、月日が経ってもなかなか真打になりません。私が勧めても「まだ……」などと言うのです。

この間《かん》に家元の談志が亡くなり、真打昇進の基準はそれぞれの師匠の裁量に任され、それでも三四楼は百席と歌舞音曲の基準をクリア、年季も十分なのに当人がなりたがらないのです。これには困りました。三四楼にも親はいて「倅の真打はまだでしょうか」と当然言うわけです。

待てば海路の日和ありで、令和元年秋、三四楼はようやくその気になり真打に昇進、名も立川三四楼から立川わんだと改めました。そして「これからはSF落語をやります」と宣言しました。いつの間にか日本SF作家クラブにも入会していて、作家仲間が応援してくれるのは力強い限りです。「預かり弟子を真打にするとホッとする」との声を何人もから聞きましたが、いま私もその気分を味わっているところです。

二番弟子の立川寸志は私の担当編集者でした。本を作るべく打ち合わせを重ね、方向性が決まった頃、珍しくスーツを着て来た彼が突然、土下座をしました。これは本の企画がボツになったことを意味します。担当や現場は盛り上がったものの、上からNGが出たというケースです。

しかし彼の口から出た言葉は意外なものでした。彼は「弟子にしてください」と言ったのです。私はカメラを探したくらい驚きました。ドッキリを仕掛けられたとしか思えなかったのです。しかし彼は真剣でした。

何度も会い酒も飲んでますから、彼が都立大学のオチケン出身であることは知っていました。それ故に話が合い、落語に関する本を作ろうとなったわけです。彼の最初の就職先は福武書店（いま何かと話題のベネッセの前身）で、新雑誌のネーミングに、彼の提案「たまごクラブ」「ひよこクラブ」が採用されたこともこぼれ話として知っていました。

その後数社を経て本を作れる地位に昇格、私との間の企画が持ち上がったわけです。すでに四十四歳でしたから編集者としてもベテランで、それを投げ打っての転身はキャリアがもったいないし、年齢もネックです。しかし彼は食い下がります。「女房もオチケンで公務員をやっていて、私にもいささかの蓄えがあり、定年までは支えると言ってくれてます」と。

ずうっと落語家になりたい思いを抱えていたようです。しかし踏ん切りがつかず、そこへ私と頻繁に会うようになり、今ならなければ手遅れ（十分に手遅れなのですが）だと決心したのです。

芸名は私の前名を付けました。こうして彼の前座修業が始まったのですが、これまでの作家と編集者という関係は変わりました。師匠と弟子になったのですから当然で、これまで打ち合わせと称し一杯ご馳走になっていたのですが、今度はご馳走する立場になりました。この逆転が唯一残念なことでした。

落語に飢えていたのでしょう、寸志は貪るように吸収しました。中年と言われる年での入門ですから焦りもあったことでしょうが、次から次へとネタを増やしていきました。二つ目の現在、最もネタ数の多い存在ではないでしょうか。入門八年、その辺に転がっているヘッポコ真打より質量ともに勝るのだから、そして噺を長くも短くも出来る編集能力も発揮しているのだから、早く真打になれとけしかけているのですが、当人にまだその気はないようで、それでも私は十年をメドにと期待しているのです。

寸志が入門してしばらくした頃、私は中年再生工場という言葉を口にするようになりました。口さがない連中は寸志を弟子にしたことで陰口を言っているのは間違いがなく、言われる前に言っちまえという判断からです。

果たしてそれを裏付ける入門志願者がやって来ました。しかも女子で、現立川だん子《こ》です。ちょっと話をしただけで、彼女が相当いいお歳であることが分かりました。長四楼は惜しいことをしましたが、寸志の例があるだけに年齢だけで断わるわけにはいきません。しかし彼女は女子です。落語界では長く女子は落語を演じることに不向きであるとされてきました。そして年齢がいってます。

それを盾に断わったのですが、それでも彼女はやってきます。「本田技研で翻訳の仕事をしてました。身内に病人が出て会社を辞め、これまで介護をしてました。ひと区切りつき、本当にやってみたいと思ったのが落語です」そんな風に訴えるのですが、それでも彼女のリスクを考え、追い返しました。それでもやって来るんですねえ。出待ちという楽屋口で帰るのを待ち構えているのです。

諦めさせようと、キツい宿題を出しました。「唄をこれとこれ。踊りをこれとこれ。図書館でも何でも行って、落語のネタがどれくらいあるか調べて来い」と。驚きました。すべてクリアではないものの、その途中経過を知らせにやって来るのです。

ついに根負けし、入門を許すのですが、私は楽屋の噂を知りませんでした。「談四楼が（談四楼師匠が）、また女と揉めている。楽屋口まで押しかけて来るぐらいだから、簡単には別れてくれないだろう」と、楽屋ではそんな噂が飛び交っていたというのです。彼女が入門し、だん子と命名した頃にそれが発覚し、不徳の至すところとは言いながら、楽屋は恐いところです。

談子《だんこ》ではなくだん子としたのは、談子ではダンシと読まれる恐れがあり、だん子なら女子らしく柔かい印象が得られると判断したためです。だん子のよさは、何よりその笑顔にあります。落語を演じる際、嬉しくてたまらないという表情をするのです。

そのだん子も二つ目に昇進し、さてその翻訳で鍛えた英語力をどこでどう生かすかという段階に入ってます。そのだん子が二つ目に昇進して初めて迎えた一門新年会、つまりそれは平成最後の新年会だったのですが、その席で驚愕？の事実が判明しました。

新年会は談志亡き後も続き、会場は不忍池《しのばずのいけ》を見下ろす東天紅なのですが、一部が総会、二部が宴会となっていて、事件？は二部で起きました。幹事は若手真打とそれを補佐する二つ目なのですが、彼らは凝りまして、一門でもごく一部しか正解の出ないカルトクイズを作るのです。

よせばいいのに「年齢当てクイズ」となり、私は胸騒ぎを覚えましたが、それは現実のものとなりました。経緯は省きますがだん子の実年齢が発覚してしまったのです。それも「志らくと同い年で、しかも一日だけお姉さん」という形で。

バカウケとはこういうことを言うのでしょう、会場が沸きに沸きました。「そうだったのか」「知らなかった」「そんなにいってるのか」等々。しかしこれはだん子が一門にハッキリ認知された瞬間でした。だん子も満更でもない様子でニコニコと、Vサインまでしていたのです。そういう最中においても笑顔はよかったのでした。

立川只四楼《ただしろう》は元お笑いという経歴の持ち主です。漫才、ピン芸人を経て落語家への転身なのです。「お笑い周辺に長くいましたが、売れなきゃ辞めるのみです。生涯かけて勝負できるのは落語家だと思ったのです」と言い、それも一つの考えだと肯定し、割とあっさり入門を許しました。寸志やだん子より年下ですが、それでも三十八歳はギリギリの決断だったでしょう。

奥さんとまだ小さい女の子がいることも彼をして背水の陣に駆り立て、この世界で何とかなるんだという意気込みには目を瞠るものがあります。只四楼という芸名に、落語ファンは「元犬《もといぬ》ですね」とニヤリとします。落語『元犬』は、白犬が念願の人間に変身する噺で、名前を聞かれ「シロ」と答えると、「シロ吉《きち》とかシロ兵衛《べえ》でないのかい？」「ただシロです」「ただシロウ？　いい名前だ」というやりとりがあり、そこから付けました。故に落語ファンはピンと来るのです。

只四楼と名付けてしばし、私はツイッターにこう呟きました。「新弟子の只四楼は元お笑い芸人で、芸名をメンソールライトと言ったらしい」と。これ、けっこう反応があって驚きました。「えっ、メンソールが落語家に？」「落語家もピンだからいいんじゃね？」などと彼のお笑い界における知名度に驚いたのですが、彼らのリプライに

「レッドカーペットで見た」等の意見が多くあり、そこそこ活躍していたのです。折しもお笑いから落語家への転身が相次いだ時期で「メンソール、お前もか」という意見もあり、考えてみると不思議なのは、落語家からお笑いへの転身はないのです。現在お笑いはスクール出身が大勢《たいせい》を占め、多くは師匠を持ちません。私は彼らの中に徒弟制度への秘かな憧れがあるのではないか、心の安定を求めているのではないかと睨《にら》んでいます。

只四楼は前座修業を軽々とこなし、気も利き、たちまち条件を満たし、二つ目に昇進しました。昇進披露の会をキャパ三百というホールで催しましたが、ゲストに片岡鶴太郎さんを呼んだのには驚きました。観客動員に欠かせないのとお笑い界の伝手《つて》で呼んだと、私はそう読みましたが、開口一番、鶴太郎さんは「私は只四楼さんに今日初めて会いました」と言い、会場と私をズッコケさせました。しかし大きな笑いでした。そして鶴太郎さんは物真似を混じえ、楽しそうに落語を三十分も演じたのでした。

二つ目に昇進以来、只四楼はいくつもの勉強会を催しています。そしてネタもどんどん増やしています。焦りかとも思いましたが、それが彼の熱意なのです。何と先日は私との「親子会」を持ちかけてきたぐらいです。

芸は押しの芸です。お笑い芸人時代の名残りでしょうか、すぐ笑いを取りに行きます。

「落語は違うよ。ドッシリ構え、マクラから仕込みがあり、徐々に盛り上げストンと落とすもので、笑いや拍手はそれに伴うものなんだ」と諭しもしたのですが、改まりません。そうか、それが彼のやり方なのかと型にハメるのをやめました。もしかしたらこれも落語だと認知され、いや化ける可能性もあるぞと思い至ったのです。いま只四楼は自分のやり方を浸透させつつあります。

前座二人も紹介しましょう。まずは縄四楼《なわしろう》です。妙な芸名だとお思いでしょうが、縄は沖縄の縄なのです。普天間《ふてんま》出身の三十歳、一門の最年少です。いっそ立川普天間と付けようと思いましたが、インパクトが強過ぎると断念。沖縄の沖を取り沖四楼も考えましたが、優男《やさおとこ》のイメージがあり、縄四楼にしました。音の響きから必ず相手は興味を持ち、そこから沖縄の縄だと話が広がると考えたのです。一度聞けば覚えてもらえる名でもありますし。

入門半年もしてからでしょうか、何でもやりますす、修業に耐えますと言いながら、辞めたいと言い出しました。大したこともさせてないのにと、この時ばかりは激怒しました。

「金銭のことはどうでもいい、ただあなたに費した時間だけは返せ」と言ってやりました。驚きましてね、何かを感じたようで、その後は順調に前座修業に励んでいます。当然夢は沖縄での凱旋公演でしょう。談笑門下にも沖縄出身の二つ目がいます。宜野《ぎの》湾《わん》から来た笑二《しょうじ》くんです。どうぞ「宜野湾の笑二、普天間の縄四楼」と覚えてやってください。

シンガリは立川半四楼《はんしろう》です。これまた中年再生工場にふさわしく入門時に四十六歳という堂々たるおっさんです。命名の由来は人生「半ば《なか》」で入ったから半四楼というわけです。何と東大文学部心理学科を出ています。商社とゼネコンに勤め、海外赴任の経験もあり、スペイン語ができるということで入門を許可しました。

去年喜寿を迎えたというお父さんが挨拶に来ました。「東大を出して、商社等に長く勤め、これから楽ができると思っていた矢先にこんなことになってしまって」と、まるで私のせいで倅の道が曲がってしまったという言い草に、怒るより思わず笑ってしまいました。まあ親からすれば落語家になるとはそういうことなのでしょう。

商社やゼネコン、海外、語学とくれば、営業畑と思うのは人情でしょう。ところが先日、半四楼が事務畑の人間だったことが発覚しました。事務が悪いわけではないのですが、動きが緩慢なことや打ち上げにおける気の利かなさを納得したのです。しかし前座のプロを目指すわけではありません。落語家のプロです。幸い落語のスジはよく、すでに妙な味があるので楽しみです。何とか還暦までに真打になってもらいたいものです。

以上が令和元年師走の弟子ということになります。本章に出てこない二人の辞めた弟子もいます。本人の名誉に関わることですので、ここでは触れないでおきます。せっかく来たのに前座が飽和状態で断らざるを得なかったケースもあります。その途端に辞める弟子がいて、断った人に申し訳なく思います。入門のタイミング、間《ま》の良し悪しというものを考えざるを得ません。

地方公演の打ち上げの折、思わぬことに出食わします。店主や打ち上げに参加している人が酔いが回った頃、「実は私も落語家になりたかったのです」と言い出すのです。私への世辞ではなく、時に目が潤んでいることもあり、そしてその数は案外多いのです。ならなかった、なれなかった理由は「長男で家業を継ぐ必要があった」がトップで、「反対された」「勇気が出なかった」等がそれに続きます。私は長男で、理由を聞く度に面目なく思います。そして落語家は長男が意外にも多いのです。

なれなかった人、ならなかった人が地方へ落語家を招いてくれます。このケースは多く、我らもサービスにこれ務めます。彼らは打ち上げでの落語談義を何よりの楽しみにしているのですから。

彼らを見るにつけ、落語家になれたこと、落語家であり続けていることに感謝の念が湧いてきます。そうです、私でも彼らの分までやらなくちゃならないぐらいは思うのです。同時にそれにしてもと思います。談志はあの時、こんな私をよく弟子にしてくれたなあと。

文庫版あとがき

十年ぶりに読み、驚きました。これが私が書いた本だろうかと。何もかもが新鮮だったのです。

なぜそんな印象を受けたのかの心当たりはあります。十年前、もっと前に出るはずだった本書は、編集氏の度々の催促を受け、一気呵成に書き上げました。故に文章上のテンションにブレがありません。タイトルが付き、発売になりましたが、一向に売れる気配がありません。少ない読者の評に「タイトルに騙されてはいけない。本書は落語家論であり、著者の人生観を……」というのがあったのを、今回思い出したくらいです。

出版社に損はさせなかったとは思いますが、本書に重版はかかりませんでした。評判にならず、カネも入ってこないでは踏んだり蹴ったりです。そこで私は本書の上梓を無かったことにしました。はい、頭から消し去ったのです。本書を読んで新鮮だったのはそういうことで、私は忘れ去ることに成功したのです。

今回、かつてお世話になった筑摩書房の豊島洋一郎さんが本書を拾い上げ、『落語家のもの覚え』という素晴らしいタイトルを付けて下さいました。正にドンピシャリ、もの忘れでは面白いものの滑稽味が前面に出てしまい、もの覚えこそ本書を象徴し、広がりのある言葉なのです。ベストセラーは無理でもロングセラーにはなるだろうと、著者の本能がそう反応しています。どうぞ長く読み継いでやってください。

内容とリンクさせるべく、補章を書き下ろしました。六人の弟子のことです。中でも入門時に高齢であった寸志、だん子、半四楼は業界でも注目を集めています。噂を聞いたのでしょう、久しく会ってない落語家はこう言いました。「人体実験をやってるんだって?」と。言葉がナマに過ぎますが、言いたいことは分かります。私には彼らがどう覚え、どう忘れていくかを眺めている自覚があるのです。

読者を裏切るようで申し訳ないのですが、彼らの道程《みちのり》は至って順調です。よく覚え、なかなか忘れないでいるのです。これは単に記憶力、忘却力だけの問題ではないと私は考えています。彼らはとにかく落語家になりたかったのです。長年その夢を抱え、生きてきたのです。反対の多い中、落語家になれた。ですから今はその喜びが記憶力に注がれ、忘却力のことを忘れているのです。とまあそう眺めているのですが、この世界に馴れきった時、忘却力が顔を出すのは必定で、それとどう闘うかが楽しみでもあるのです。

柳家小三治八十歳、私六十八歳、志らく五十六歳、干支《えと》ひと回り違いでの並びです。談志が享年七十五でしたから、当面の目標は小三治師ということになります。八十で小三治師とは別の世界が展開できたらと願っています。でも何が起こるか分かりません。ですから弟子との酒の席で「ともに滅びよう」と言ったりもするのです。お買い上げいただいた方（だけ）に感謝申し上げます。

令和元年師走

本書は二〇一〇年二月、講談社＋α新書より刊行された『記憶する力　忘れない力』を文庫化にあたり、改題し、増補した。補章は文庫のための書下し。

談志 最後の落語論　立川談志
伝説の『現代落語論』から五十数年、亡くなる直前まで「落語」と格闘し続けた談志が最後に書き下ろした落語・落語家論の集大成。（サンキュータツオ）

談志 最後の根多帳　立川談志
落語のネタ決めの基準から稽古法まで談志落語の舞台裏を公開。貴重な音源から名演五席を収録し、本・CD・DVDリストを付す。（広瀬和生）

立川談志自伝 狂気ありて　立川談志
多摩川べりの少年時代、落語へのあふれる熱情、旅の思い出、大事な家族への想い、老いと向き合う姿……自ら綴った波瀾万丈な人生。（松岡慎太郎）

この世は落語　中野翠
ヒトの愚かさのいろいろを呑気に受けとめ笑ってしまう。そんな落語の魅力を30年来のファンである著者が、イラスト入りで語り尽くす最良の入門書。

なめくじ艦隊　古今亭志ん生
〝空襲から逃れたい〟、〝向こうには酒がいっぱいある〟という理由で満州行きを決意。存分に自我を発揮して自由に生きた落語家の半生。（矢野誠一）

びんぼう自慢　古今亭志ん生　小島貞二編・解説
「貧乏はするものじゃありません。味わうものですな」その生き方が落語そのものと言われた志ん生が自らの人生を語り尽くす名著の復活。

志ん朝の風流入門　古今亭志ん朝　齋藤明
失われつつある日本の風流な言葉を、小唄端唄、和歌俳句、芝居や物語から選び抜き、古今亭志ん朝の粋な語りに乗せてお贈りする。（浜美雪）

志ん生の忘れもの　小島貞二
「人生そのものが落語」と言われた志ん生。自伝『びんぼう自慢』の聞き手である著者が長年の交流の中で知り得た志ん生の姿を描くファン必読の一冊。

落語家論　柳家小三治
この世界に足を踏み入れて日の浅い、若い噺家に向けて二十年以上前に書いたもので、これは、あの頃の私の心意気でもあります。（小沢昭一）

落語こてんパン　柳家喬太郎
現在、最も人気の高い演者の一人として活躍する著者が、愛する古典落語についてつづったエピソード満載のエッセイ集。巻末対談＝北村薫

らくごDE枝雀　桂枝雀

桂枝雀が落語の魅力と笑いのヒミツをおもしろおかしく解きあかす本。持ちネタ五選と対談で、「笑いの正体」が見えてくる。（上岡龍太郎）

桂枝雀のらくご案内　桂枝雀

上方落語の人気者が愛する持ちネタ厳選60を紹介。噺の聞かせどころや想い出話をまじえて楽しく落語の世界を案内する。（イーデス・ハンソン）

落語を聴かなくても人生は生きられる　松本尚久編

落語家が名人芸だけをやっていればよかった時代は去った。時代と社会を視野に入れた他者の視線を通じて落語の現在を読み解くアンソロジー。

カメラを持った前座さん　橘蓮二写真・文

上野・鈴本の楽屋で撮影を始めて十八年。信頼を得た撮影者だけが見ることができた演者の個性。興味深いエピソードと最新の写真を収録する写文集。

居ごこちのよい旅　松浦弥太郎　若木信吾写真

マンハッタン、ヒロ、バークレー、台北……匂いや気配で道を探し、自分だけの地図を描くように歩いてみよう。12の街への旅エッセイ。（若木信吾）

新版 女興行師 吉本せい　矢野誠一

大正以降、大阪演芸界を席巻した名プロデューサーにして吉本興業の創立者。NHK朝ドラ『わろてんか』のモデルとなった吉本せいの生涯を描く。

あなたの話はなぜ「通じない」のか　山田ズーニー

進研ゼミの小論文メソッドを開発し、考える力、書く力の育成に尽力してきた著者が「話が通じるための技術」を基礎のキソから懇切丁寧に伝授！

味方をふやす技術　藤原和博

他人とのつながりがなければ、生きてゆけない。でも味方をふやすためには、嫌われる覚悟も必要だ。ほんとうに豊かな人間関係を築くために！

質問力　齋藤孝

コミュニケーション上達の秘訣は質問力にあり！これさえ磨けば、初対面の人からも深い話が引き出せる。話題の本の、待望の文庫化。（斎藤兆史）

コメント力　齋藤孝

オリジナリティのあるコメントを言えるかどうかで「おもしろい人」、「できる人」という評価が決まる。優れたコメントに学べ！

ちくま文庫

落語《らくご》家《か》のもの覚《おぼ》え

二〇二〇年三月十日　第一刷発行

著者　立川談四楼（たてかわ・だんしろう）

発行者　喜入冬子

発行所　株式会社　筑摩書房
東京都台東区蔵前二―五―三　〒一一一―八七五五
電話番号　〇三―五六八七―二六〇一（代表）

装幀者　安野光雅

印刷所　中央精版印刷株式会社

製本所　中央精版印刷株式会社

乱丁・落丁本の場合は、送料小社負担でお取り替えいたします。

本書をコピー、スキャニング等の方法により無許諾で複製することは、法令に規定された場合を除いて禁止されています。請負業者等の第三者によるデジタル化は一切認められていませんので、ご注意ください。

© DANSHIROU TATEKAWA 2020 Printed in Japan

ISBN978-4-480-43651-1　C0195